Karin Burschik

Wecke die Göttin in dir

Karin Burschik

Wecke die Göttin in dir

*Heilende Übungen
für den Tag und das Leben*

mvg Verlag

Bibliografische Information der Deutschen Nationalbibliothek

Die Deutsche Nationalbibliothek verzeichnet diese Publikation in der Deutschen Nationalbibliografie.
Detaillierte bibliografische Daten sind im Internet über http://dnb.d-nb.de abrufbar.

Lektorat: Gisela Fehrer, München
Umschlaggestaltung: Morian & Bayer-Eynck, Coesfeld
Umschlagabbildung: Gettyimages, München (© Peter Mason/gettyimages)
Satz: Manfred Zech, Landsberg am Lech
Printed in Germany
ISBN 978-3-636-06365-6

Inhalt

Die Göttin lebt

„Die Göttin ist in dir und um dich herum. Spalte ein Stück Holz und ich bin da. Hebe einen Stein auf und du findest mich."

So ähnlich steht es im Thomasevangelium (Logion 3 und 77). Nur wurde hier „das Reich Gottes" durch „die Göttin" ersetzt. Haben wir es hier doch mit einer neuen frohen Botschaft zu tun. Damit, dass die Göttin sich danach sehnt, wieder mehr auf der Erde zu wirken. Auch in Ihnen und durch Ihr Denken, Fühlen und Handeln.

Das heißt nicht, dass die Göttin die Erde je verlassen hätte. Sie lässt ihre Kinder nie im Stich und ist immer bereit, Trost, Rat und Hilfe zu spenden. Sie ist immer in uns mit ihrer Anerkennung und ihrer unerschütterlichen Liebe. Wir waren es, die sich von ihr abgewendet haben. Nun ist es an der Zeit, sich wieder auf die Göttin zu besinnen, denn sie stillt unsere tiefste Sehnsucht und schenkt uns das höchste Glück.

Frauen werden die Gegenwart der Göttin als zutiefst heilsam erleben. Sie gibt ihnen ihre weibliche Würde zurück und bringt sie in ihre ureigene Kraft als Frau. Sie hilft ihnen, ihr Herz zu öffnen und auf ihre innere Stimme zu vertrauen, eine Vision für ihr Leben zu gewinnen und ihren Weg zu gehen.

Heilsam ist sie aber auch für Männer. Obwohl sie das Göttliche meist in seiner männlichen Form verkörpern, lebt die Göttin auch in ihren Herzen als ihr sanfter und fürsorglicher, ihr verletzlicher und nährender Teil. Oft verschmäht und im Außen erniedrigt. Oft unerkannt im Innern und darum süchtig im Außen gejagt.

Gesund ist das nicht. Darum sind Sie nun eingeladen, die Göttin in Ihrem Innern zu wecken und mit ihr und durch sie zu leben. Sie macht das Leben leicht und wunderbar.

Das habe ich beim Schreiben dieses Buches sehr eindrücklich erfahren. Da ich zuvor schon neun Bücher geschrieben hatte, weiß ich wohl, wie man sich beim Schreiben plagen kann. Diesmal war es anders.

Ich schrieb in diesem milden, sonnigen Herbst. Oft war ich wie verzaubert von den Farben und Gerüchen. Manchmal saß ich unter einer Silberlinde und beobachtete, wie die goldenen herzförmigen Blätter fielen. Leicht und mühelos lösten sie sich vom Baum, schwebten anmutig herab und bedeckten zärtlich die Erde. Genauso fielen auch die Seiten dieses Buches vom Baum der Göttin.

Sanft und stetig strömten mir die Ideen zu, nicht nur am Schreibtisch, sondern auch beim Meditieren und in der Entspannung, beim Duschen und Autofahren, Geschirrspülen und Blumengießen. Noch nie war ich so begeistert bei der Arbeit. Wenn Sie beim Lesen auch nur halb so viel Freude haben wie ich beim Schreiben, dann haben Sie Ihr Geld bestens investiert. Und wenn Sie etwas von Wert hier finden, dann spricht die Göttin zu Ihnen. Ich habe sie gebeten, durch ihr Buch das Leben der Leserinnen und Leser zum Guten zu wenden.

Dabei half sie mir auf jede nur denkbare Weise, indem sie für optimale äußere Bedingungen sorgte und mich auch in der übrigen Zeit den Segen ihrer Gegenwart spüren ließ. Beim Essen war sie es, die mich nährte. Ich hörte ihren Herzschlag, als ein Nachbar Holz hackte, und ihr fröhliches Juchzen, als jemand sein Motorrad aufheulen ließ. Sie begegnete mir in den Menschen – in ihren Blicken, ihren Worten und in ihrem Lächeln. Ich erkannte ihr Wirken in glücklichen Zufällen und hörte sie in der feinen, leisen Stimme der Intuition. Sie lenkte meine Schritte, und oft war ich genau zur richtigen Zeit am richtigen Ort.

Ich erfuhr die Göttin aber auch im Innern als eine stille und liebevolle Präsenz. Sie verbindet mich mit allem, was ist, und hat schon so vieles in meinem Leben zum Guten gewendet.

Möge es Ihnen auch so ergehen. Mögen Sie die Göttin in Ihrem Innern entdecken und leben. Mögen Sie erleben, wie Ihr inneres Glück Ihnen mehr und mehr auch von außen entgegenlacht.

Wahrscheinlich haben Sie hierzu schon die ersten Schritte getan. Trotzdem möchte ich Sie einladen, noch einmal ganz von vorn anzufangen, denn wir gehen den spirituellen Weg ja nicht nur einmal. Wir durchlaufen dieselben Stationen immer wieder, immer wieder neu, immer bewusster und gottseliger.

Viele Übungen, die Sie hierzu in diesem Buch finden werden, mache ich selbst seit vielen Jahren oder habe sie jahrelang gemacht. Etliche vermittle ich auch in meinen Kursen und Workshops. Sie sind also bestens erprobt. Außerdem ist für jede/n etwas dabei. Egal, ob Sie eher im Fühlen zu Hause sind, ob Wort und Klang Ihnen mehr bedeuten oder ob Sie als Augenmensch gern visualisieren.

Beginnen wir mit der ersten Fühlungnahme: Wir hören Mythen und Legenden von der Göttin und verfolgen ihre Spuren in der Natur. Dabei entdecken wir sie in allem, was da kreucht und fleucht. Der sternenübersäte Himmel ist ihr Kleid, und alle Lebewesen sind ihr Atem und ihr Herz, ihre Hände und ihr Schoß. Wen wundert es da, dass wir sie auch in den Lebensphasen und als den innewohnenden göttlichen Teil unserer Psyche entdecken können?

Im zweiten Teil erfahren Sie, wie Sie Körper und Geist auf die Begegnung mit der Göttin vorbereiten können. Sie lernen sich zu entspannen, Ihre feinstofflichen Energien auszubalancieren und den Geist ruhig und positiv zu stimmen.

Alsdann begegnen wir der Göttin im heiligen Raum, erhalten Antworten auf unsere Fragen und eine Vision für unser Leben. Dabei verwenden wir Rituale und Symbole, die unser tiefes, kindliches Selbst ansprechen, denn seine Gefühle und Energien verbinden uns mit der Göttin, sodass sie zu einer lebendigen Kraft in unserem Leben werden kann.

Noch wacher und lebendiger wird sie für uns durch Gebete, Affirmationen und Visualisierungen. Dabei öffnen wir unser Herz für den Segen der Göttin, die immer bereit ist, uns mit ihren Gaben zu überschütten: mit der Heilung des Körpers und der Seele, mit befriedigender Arbeit und liebevollen Beziehungen. Mit ihr und durch sie leben wir in der Fülle, geben mit leichter Hand und feiern das Leben.

Oder ist es die Göttin, die in uns das Leben feiert?

Ja, irgendwann erkennen wir: Die Göttin lebt in mir, durch mich und als ich. Sie ist es, die in mir arbeitet, liebt und Neues schafft.

Wer wollte sie da nicht näher kennenlernen?

I Erfahren Sie etwas über die Göttin

Die gute Nachricht zuerst: In Ihrem tiefsten Innern, in Ihrer Essenz, in dem, was Sie wirklich ausmacht, sind Sie göttlicher Natur. Sie sind von strahlender Schönheit, überströmender Liebe und sangestrunkener Freude. Ihre Weisheit kennt keine Grenzen. Sie strotzen nur so vor Kraft und sind erfüllt von einem köstlichen Frieden, den nichts und niemand je erschüttern könnte.

Nun die schlechte Nachricht: Viele Menschen werden das nicht glauben können. Oder sie glauben es, doch sie leben und erleben es nicht, weil die Göttin in ihnen schläft.

Doch sie kann geweckt werden.

Hier mag es schon die ersten Einwände geben: Wieso sie? Wieso Gött*in*? Ist das Göttliche im Grunde nicht ohne Gestalt, ohne Namen, ohne Form? Ist Es nicht viel größer als alles, was wir sehen und anfassen, fühlen und benennen könnten?

Sie haben recht. Mehr lässt sich auch nicht darüber sagen, denn jedes Wort über den göttlichen Urgrund wäre eine Lüge. Oder ein Paradoxon wie: „Es ist nicht Sein und nicht Nicht-Sein, nicht beides zugleich und nicht keins von beidem."

Damit lässt sich nicht viel anfangen. Ein bisschen langweilig ist es auch: kein Gut und kein Böse, keine Freude und kein Schmerz, kein Mann und keine Frau – keine Action im Paradies, nur Harmonie und ewige Vollkommenheit.

Irgendwann hatte Es genug davon und gebar Sein und Nicht-Sein, gebiert es noch und wird es ewig neu gebären. Dabei bleibt Es, was Es war – gestaltlos, formlos, ohne Namen, ohne Anfang und ohne Ende.

Doch zugleich öffnet Es Seinen Schoß als die Mutter von Allem-was-ist. Wunderbarerweise hat sie ihre Schöpfung nie verlassen. Sie offenbart sich hier und jetzt darin. Sie ist immer da in Wind und Blume, Stein und Tier. Wenn Sie hinausgehen in die Natur, können Sie sie erleben. Wenn Sie in sich hineinhorchen, spricht sie zu Ihnen. Und wenn Sie Ihr Leben betrachten, erkennen Sie sie.

Tatsächlich offenbart sie sich als ihre Schöpfung und hat sich schon immer offenbart, wie Sie beim Studium alter Mythen erfahren können.

1. In Mythen und Legenden

Seitdem das Patriarchat hier im Westen an Macht einbüßt, wird das persönliche Göttliche immer öfter auch als weiblich erfahren, was für Frauen besonders heilsam ist. Manche sind vom Patriarchat so angeschlagen, dass sie sich schon minderwertig fühlen, weil sie „nur" eine Frau sind. Ihnen tut es gut, wenn sie nur das Wort „Göttin" lesen. Dabei erfahren sie: Auch etwas Weibliches kann göttlich sein.

Nun ist die Göttin aber keine Erfindung der Neuzeit. Ganz im Gegenteil. Vieles deutet darauf hin, dass sie bereits von den ersten Menschen hoch verehrt wurde. Zum Beispiel wurden aus dieser Zeit fast ausschließlich weibliche Skulpturen gefunden, und in der Mythenforschung gibt es zahlreiche Belege für einen Kult der „Großen Göttin" oder „Großen Mutter", der weltweit in den verschiedensten Formen ausgeübt wurde. Darum befassen wir uns jetzt mit den entsprechenden archäologischen Forschungen, den Göttinnen unserer Ahnen und ihrer Wiederentdeckung in der heutigen Zeit.

Die Große Mutter und die ersten Menschen

Zu den ersten Menschen gehörten die Neandertaler, die sich vor 100 000 bis 150 000 Jahren in ganz Europa, Nordafrika und Vorderasien verbreiteten. Ihre Schädel waren platt, und sie waren keine Halbaffen mehr. Der Schädelinhalt entsprach bereits dem der Menschen von heute, und sie besaßen schon eine menschliche Kultur. Sie bauten feste Behausungen und trugen Kleidung, sie heizten ihre Wohnungen und arbeiteten mit Werkzeugen aus Holz, Stein und Knochen. Höchstwahrscheinlich sprachen sie auch schon miteinander. Außerdem bestatteten sie ihre Toten.

Diese Totenrituale – abgehalten vor 100 000 Jahren – sind die ersten durch Funde belegten kultischen Handlungen der Menschheit. Interessant für unser Thema ist vor allem die Art, wie die Toten bestattet wurden: in Embryonalstellung in einer mit rotem Ocker bestrichenen Höhle. Darin ruhten sie wie in einer Gebärmutter. Offenbar verknüpften die ersten Menschen das Mysterium des Todes mit dem der Geburt. Wahrscheinlich glaubten sie auch an Wiedergeburt. Verständlich wäre das. Nicht nur, weil die Wiedergeburtslehre in fast allen Kulturen verbreitet war oder ist, sondern auch, weil die Menschen damals der Natur so nahe waren. Somit waren sie mit den ewigen Zyklen des Werdens und Vergehens mehr als vertraut.

Aufblühen, Fruchtbarkeit, Vergehen – immer diese Dreizahl. Da verwundert es nicht, dass die Zahl Drei bereits in den ersten Höhlenmalereien erscheint. Am häufigsten in Form von drei Strichen, drei Frauen, drei Tieren oder dem Mond in drei Phasen. Auch in den ältesten Mythen taucht die Dreizahl wieder auf als Glaube an die Große Göttin in ihren drei Gestalten als Jungfrau, Mutter und alte Weise.

Interessant sind im Zusammenhang mit den ersten kultischen Äußerungen der Menschheit – den Totenritualen – auch die Grabbeigaben: Nahrung gaben die Menschen ihren Toten schon sehr früh mit auf den Weg, ab 48 000 bis 44 000 vor Christus kamen noch Heilpflanzen hinzu. Nun gehörte die Nahrungszubereitung aber zur Domäne der Frauen, vermutlich auch die Heilkunde.

Dass das nährende, lebenserhaltende Prinzip in Gestalt des Weiblichen sehr verehrt wurde, bestätigen weitere archäologische Funde: Die ältesten je gefundenen Statuetten sind fast ausschließlich weiblichen Geschlechts. Sie sind 30 000 bis 40 000 Jahre alt und wurden in großer Zahl im gesamten nordeuroasiatischen Raum gefunden. Hierbei handelt es sich nicht um Kinderspielzeug, sondern um Objekte der Verehrung, denn die Statuetten befanden sich in eigens dafür geschaffenen Nischen in Wohnhöhlen und Behausungen.

Außerdem wurden auch Statuetten von Tieren gefunden und ein paar wenige, die Männer darstellen oder darstellen könnten. Genau zu erkennen ist das selten, denn sie haben oft einen androgynen Charakter oder sind maskiert. Sie werden auch nicht als starke Helden dargestellt, sondern als gefährdet oder hilflos und unterlegen im Kampf gegen wilde Tiere.

Ganz anders die weiblichen Statuetten. Die berühmteste davon ist die Venus von Willendorf: mächtig, in sich ruhend und mit ausgeprägten weiblichen Formen. So ähnlich sehen die meisten aus. Nicht selten sind sie schwanger.

Offenbar liebten und verehrten die Menschen damals das Mütterliche, Lebensspendende, Lebenserhaltende. Zugleich hatten sie großen Respekt vor ihrem dunklen Aspekt: Am Ende nimmt Mutter Erde alles Verbrauchte wieder in sich auf; alles kehrt in ihren Schoß zurück.

Zusammenfassend lässt sich sagen: Geburt und Tod waren in den damaligen Jägerkulturen fast allgegenwärtig und wurden so eindrücklich erfahren, dass sich hieran das religiöse Empfinden entzündete, und zwar in seinen beiden Aspekten des Faszinosum und Tremendum, also der Verehrung und des heiligen Schreckens. Beides war für die ersten Menschen offenbar mit dem Ur-Weiblichen verknüpft. Dies belegen die Grabfunde und die Frauenstatuetten.

Das weibliche Göttliche in der Steinzeit

Nach dem Abklingen der Eiszeit – also vor etwa 10 000 Jahren – veränderten sich die Lebensbedingungen. Es gab mehr Bäume und weniger Wild. Das Mammut und das Wollhaarnashorn starben aus. Die höheren Jägerkulturen mussten sich neu anpassen, und ihr kulturelles Leben kam vermutlich zum Erliegen. Jedenfalls wurden aus dieser Zeit keine Skulpturen oder Malereien mit religiösen Motiven gefunden.

Zweitausend Jahre später begannen die Menschen – zuerst im Vorderen Orient – Felder zu bestellen und Tiere zu halten. Nun waren sie der Natur nicht mehr völlig ausgeliefert, sondern begannen sie zu beherrschen. Trotzdem dürfte die Verehrung der Großen Mutter das Lebensfundament geblieben sein, denn das mütterliche Prinzip wurde ja sehr eindrücklich erfahren beim Hegen und Pflegen der Haustiere und beim Keimen und Wachsen der ausgesäten Pflanzen.

Diese Verehrung des Weiblichen ist auch durch archäologische Funde belegt, und zwar bis in die beginnende Stadtkultur hinein. In der – nach Jericho – zweitältesten Stadt der Menschheit, in Catal Hüyük, war der Platz der Hausfrau erhöht. (Der Ausdruck „Nur-Hausfrau" wäre in jener Kultur eine Lachnummer gewesen.) Außerdem wurden fast ausschließlich weibliche Statuen gefunden, und auf Gefäßen, Votivtafeln und Malereien wurden vorrangig Frauen und Kulthandlungen dargestellt,

Fruchtbarkeitstänze etwa und Trank- oder Brandopfer. Blutopfer gab es keine. Überhaupt war die von 6500 bis 5720 vor Christus besiedelte Stadt in Anatolien absolut friedfertig: Es gab weder Stadtmauern noch persönlichen Besitz und allenfalls Jagdwaffen.

Vom Vorderen Orient aus breitete sich die Steinzeitkultur sehr weit aus. Wahrscheinlich waren die Steinzeitmenschen ein Seefahrervolk, denn ihre Hinterlassenschaften finden sich vor allem auf Inseln, in Küstennähe oder an Flussläufen. Neben den berühmten Tempeln von Malta und Sardinien, die der Großen Mutter geweiht sind, gehören auch die Steinsetzungen auf den Osterinseln und die Menhire in der Bretagne, die Hünengräber in Norddeutschland und die weitverbreiteten Dolmen und Steinkreise dazu. Stonehenge ist der berühmteste Steinkreis, jedoch wurden allein in Großbritannien an die tausend gefunden. Sogar in Afrika, Asien und der Südsee wurden Steinsetzungen entdeckt.

Selbstverständlich wissen wir wenig über die Kulte und den Glauben, den Alltag und die Sozialordnung der Steinzeitmenschen. Von ihnen sind auch keine Profanbauten erhalten geblieben. Nur die Sakralbauten wurden für die Ewigkeit gebaut. Diese aber waren der Großen Göttin geweiht.

Ganz am Anfang hatten die Menschen noch keinen Namen für sie. Das hätte ihrer Ganzheit und Totalität widersprochen. Als sie begannen, die Natur zu beherrschen, gaben sie der Großen Göttin einen Namen und erzählten sich Geschichten über sie. Sehr verbreitet war zum Beispiel der Mythos von der Heiligen Hochzeit, die die Große Göttin im Frühjahr mit ihrem Sohn-Geliebten feierte. Dieser stirbt im Herbst und geht in die Unterwelt, um im nächsten Frühling wieder neugeboren zu erwachen.

In späterer Zeit wurde die Große Göttin in vielen Kulturen von mehreren kleineren Göttinnen abgelöst. Diese standen anfangs für je einen ihrer drei Aspekte der Jungfrau, Mutter und weisen Alten. Die späteren Göttinnen waren dann nur noch für verschiedene Bereiche zuständig, zum Beispiel für das Herdfeuer, die Seefahrt oder die Gerechtigkeit. Mit der Zeit verloren sie immer mehr an Einfluss und Ansehen und wurden schließlich zu Töchtern, Gespielinnen oder Opfern. Gleichzeitig wurden die männlichen Götter immer mächtiger. Schließlich beanspruchten sie gar den obersten Thron im Götterhimmel und das schöpferische Prinzip, das heißt, sie bekamen Kinder, die zum Beispiel aus ihrem Kopf sprangen. Damit sind wir im Patriarchat angelangt.

Im euroasiatischen Raum ereignete sich der hier beschriebene Umbruch in der Zeit von 2500 bis 1000 vor unserer Zeitrechnung. Anhand von Mythen der verschiedensten Völker lässt er sich gut nachvollziehen.

Keltische Göttinnen

Im 1. Jahrtausend vor Christus siedelten die Kelten in Europa. Leider wissen wir wenig über ihre Religion, da sie alles, was ihnen heilig war, nur mündlich überlieferten.

Einige ihrer Göttinnen wurden aber dennoch bekannt, zum Beispiel Brigid, die Göttin des Feuers und der Inspiration, die besonders von Dichtern und fahrenden Sängern verehrt wurde. Bei ihrer Geburt, so sagt eine Legende, sei eine Flamme aus ihrem Kopf geschossen und habe sie direkt mit dem Kosmos verbunden. Ebenso verehrt wurde unter anderem auch Medb: Sie sprach mit Vögeln, konnte schneller laufen als ein Pferd und jeden Mann durch einen einzigen Blick in rasende Leidenschaft versetzen.

Außerdem erzählte man sich Geschichten vom legendären Volk der Túatha Dé Danann. Ihre göttliche Urmutter hieß Dana oder Danu. Ihr Name erinnert an Danae, die Große Göttin auf Kreta.

Die keltische Dana besaß einen Kessel des Überflusses. Dieser füllte sich immer wieder von allein mit Nahrung, Heilkräutern und Met, der die Dichter und Sänger inspirierte. Im Frühjahr feierte Dana mit ihrem Geliebten Dagda die Heilige Hochzeit und schenkte ihm den Kessel. Im Herbst musste Dagda ihn allerdings wieder hergeben, denn dann wurde er vom Blitz erschlagen und wanderte in die Unterwelt, aus der er im nächsten Frühjahr wiederkehrte. Mit dem Übergang zum Patriarchat wurde Dagda immer mächtiger und behielt schließlich den Kessel. Dieser könnte der Ursprung der mittelalterlichen Gralslegenden gewesen sein, entstanden im keltischen Irland und in Nordbritannien, das die Römer nie erobern konnten.

Römische und griechische Göttinnen

Ursprünglich waren die Römer ein Bauernvolk, das zum Beispiel die Erde, die Ernte und andere Naturerscheinungen als göttlich verehrte. Ab dem 5. Jahrhundert vor Christus importierten sie die griechische Götterwelt, die von einem männlichen Gott regiert wurde: Zeus, der bei den Römern Jupiter hieß.

Immerhin gab es aber auch weibliche Gottheiten wie die Familiengöttin Juno (griechisch Hera), die Erd- und Fruchtbarkeitsgöttin Ceres (gr. Demeter) oder Diana (gr. Artemis), die jungfräuliche Göttin der Jagd und des Mondes. Die Römer duldeten aber auch andere Religionen, in denen Göttinnen ein höheres Ansehen genossen.

Hierzu zählt vor allem der Isis-Kult, der ab dem 1. Jahrhundert im ganzen Römischen Reich verbreitet war. Isis war die Große Göttin der Ägypter. Von ihr heißt es, sie habe den zerstückelten Leichnam ihres Bruders und Gatten Osiris wieder zusammengefügt und von ihm einen Sohn empfangen. Die Reste von Isis-Tempeln fand man in Maria Saal, Köln, Mainz und London. Im Rheinland wurden die Festtage der Isis ausgelassen gefeiert. Männer verkleideten sich als Frauen oder Bären, und man zog Wagen, die wie Schiffe aussahen, durch die Stadt. Das zelebrieren die Rheinländer bis heute so und nennen es – Karneval. Auch die Bilder und Statuen von Isis mit ihrem Sohn Horus erscheinen uns heute seltsam vertraut: Die Darstellungen der Maria mit ihrem Kind wurden der ägyptischen Göttin nachgebildet.

Germanische Göttinnen

Wenn wir unseren religionsgeschichtlichen Wurzeln nachspüren, dürfen wir auch die Germanen nicht vergessen. Sie scheinen eine matrizentrische Vergangenheit gehabt zu haben. Ihre Große Göttin war vermutlich Jörd, das nordgermanische Wort für Erde.

Ursprünglich wohnte Jörd in einem heiligen Hain auf einer Insel weit im Westen des Ozeans. Von dort kam sie auf einem Schiff zu den Menschen und brachte die Sonne mit. Wenn sie an Land ging, wurde sie überall begeistert empfangen. Alles war mit Blumen geschmückt und die Waffen wurden weggeschlossen. Es herrschte Frieden. Es wurde gefeiert. Die Menschen liebten sich.

Als das Patriarchat mächtiger wurde, verwandelte sie sich in den männlichen Gott Njörd und war nun nicht mehr die Mutter, sondern der Vater der Fruchtbarkeitsgöttin Freyja.

Das Christentum

Die Germanen wurden noch patriarchaler, als sie das Christentum annahmen. Entstanden ist es aus dem Judentum, das keine Göttinnen kennt, sondern nur den einen Gott.

Interessant ist in diesem Zusammenhang der Trinitätsglaube: der Glaube an den einen Gott in drei Gestalten als Gott-Sohn, Gott-Vater und Heiliger Geist. Jesus hat dergleichen nie gelehrt. Aufgekommen ist diese Idee erst in Europa, offenbar basierend auf Erinnerungen an die Große Göttin in ihren drei Gestalten als Jungfrau, Mutter und der weisen Alten. Hier wurde nur das Geschlecht verändert.

Doch so ganz ausrotten ließ sich die Große Göttin nie, nicht einmal in der ansonsten doch sehr patriarchalen katholischen Kirche. In ihren Hymnen verehrt sie Maria als Himmelskönigin, erhabene Frau und Herrscherin. Sie wird gepriesen als Tor des Lichtes, als edle Rose und als Wurzel, der das Heil entsprießt. Als Mutter der Barmherzigkeit bietet sie uns Schirm und Schild und spendet Trost in der Verlassenheit. Sie ist unsere Fürsprecherin, unsere Hoffnung und unseres Lebens Freud.

In manchen alttestamentarischen Bildern zeigt Jehova auch eine weiche, weibliche Seite und aramäische Sprachkundler/innen weisen darauf hin, dass Jesus seinen Gott meist mit „Abba" anredete. Das bedeutet Papa oder Papi, aber auch Schatz, Geliebte. Darum dürfte Jesus nichts dagegen haben, wenn unsere „Abba" die göttliche Mutter ist, denn er hatte ein großes Herz für Frauen. Im Logion 101 des Thomasevangeliums steht sogar: „Meine wahre Mutter hat mir das Leben geschenkt." (Tatsächlich, da steht „Mutter", das habe ich nicht umgedichtet.)

Übrigens hat Jesus sich nie als einzigen Sohn Gottes bezeichnet und sehr oft sprach er auch von unserem himmlischen Vater (siehe unter anderem Matthäus 5,16 und 5,48). Wenn er also sagen konnte: „Der Vater und ich sind eins", dürfen wir in seinem Sinne sprechen: „Die Göttin und ich sind eins."

Die Göttin hier und jetzt

Das Patriarchat herrscht nun seit etwa 3 000 Jahren in unserer Kultur. Ihm verdanken wir die Annehmlichkeiten des modernen Lebens und die großartigen Kulturleistungen. Dagegen war das Leben in der Urzeit dermaßen hart und gefährlich, dass wohl niemand ernsthaft dahin zurückmöchte. Wer will schon jeden Tag eimerweise Wasser schleppen oder auf einem offenen Feuer kochen?

Doch zum Patriarchat gehören auch Hierarchien, Privateigentum und Machtentfaltung. Hieraus resultieren Kriege, die Ausbeutung der Natur und die Gewalt gegen Frauen und Kinder. Und im spirituellen Leben erzeugt es ein Ungleichgewicht. Wenn Männer immer nur einen männlichen Gott anbeten, wie können sie da ihre weibliche Seite entdecken und leben? Wie können sie als Menschen heil und ganz werden? Und wenn Frauen immer nur einen männlichen Gott anbeten, wie können sie da ihre Selbstachtung bewahren und zu ihrer weiblichen Würde finden? Wie können sie das ihnen innewohnende Göttliche entdecken und leben, wenn sie nicht zuvor erfahren haben, dass das Göttliche auch weiblich sein kann?

Glücklicherweise wird das weibliche Göttliche in unserer Kultur nun wiederentdeckt. Viele Frauen verehren und feiern es in Jahreskreisfesten in und mit der Natur. Wicca und Hexenkulte, Naturreligionen und Neuheidentum bekommen immer mehr Zulauf. Ihre Anhängerschaft ist sehr bunt und vielgestaltig, doch in das Lied der Sterngöttin dürften wohl die meisten einstimmen. Hier heißt es unter anderem:

„ … Hört die Worte der Sternengöttin …
Ich, die ich die Schönheit der grünen Erde bin
und die weiße Mondin unter den Sternen und die Mysterien der
Wasser,
ich rufe eure Seelen, sich zu erheben und zu mir zu kommen.
Denn ich bin die Seele der Natur, die das Universum lebendig
macht.
Aus mir gehen alle Dinge hervor,
und zu mir müssen sie zurückkehren.
Verehrt mich jauchzenden Herzens,
denn siehe, alle Akte der Liebe und Freude sind meine Rituale.
Lasst in euch sein
Schönheit und Kraft,
Macht und Mitgefühl,
Ehre und Demut,
Heiterkeit und Ehrfurcht.
Und ihr, die ihr mich erkennen wollt, wisset,
dass all euer Suchen und Sehnen vergeblich sein werden,
wenn ihr das Mysterium nicht kennt:
Wenn ihr das, was ihr sucht, nicht in eurem Inneren findet,
werdet ihr es im Außen niemals finden.
Denn siehe, ich bin bei euch gewesen von Anbeginn,
und ich bin es, zu der ihr gelangt am Ziel eures Verlangens. "[1]

Nun kennzeichnet es unsere multikulturelle Gesellschaft, sich
auch für fremde Völker zu öffnen. Viele Menschen wenden sich
östlichen Lehren zu, zum Beispiel dem Daoismus. Interessan-
terweise ist das älteste Zeichen für Dao – der Urgrund von Sein

---

1   Aufruf der Sternengöttin in der Formulierung von Starhawk, autorisierte Übersetzung
    von Dr. Donate Pahnke McIntosh in „Die zwölf wilden Schwäne", Seite 463–464,
    siehe Literaturhinweis.

und Nichtsein – ein Piktogramm von Fußstapfen und einem Kopf mit langen Haaren – der Weg der Großen Göttin.

Im Daodejing, dem Klassiker des Daoismus, bekennt sich Laozi im 20. Kapitel als Verehrer der nährenden Mutter und schreibt unter anderem im ersten Kapitel:

„Was ohne Namen,
ist Anfang von Himmel und Erde.
Was Namen hat,
ist Mutter den zehntausend Wesen …
Diese beiden sind eins und gleich.“[2]

Im tibetischen Buddhismus ist die Praxis der grünen Tara sehr beliebt und wird inzwischen auch von deutschen Dharma-Lehrerinnen vermittelt, allen voran Sylvia Wetzel.

Der Legende zufolge hatte Tara als Prinzessin Mondengleiche Weisheit eine so hohe Stufe der Verwirklichung erreicht, dass sie ihre nächste Inkarnation frei wählen konnte. Natürlich redeten die Mönche ihr gut zu, sie solle einen männlichen Körper wählen. Doch sie entschied: „Von nun an bis zum vollständigen Erwachen werde ich nur weibliche Verkörperungen annehmen, als Vorbild und Inspiration für alle Frauen auf dem Weg.“ So geschah es. Und weil ihr heilsames Wirken zahllose Wesen zur Befreiung führte, erhielt sie den Namen „Tara“, die Befreierin. Sie wird auch als Mutter aller Buddhas verehrt. Tara-Praktizierende rufen sie an und visualisieren ihre Gestalt. Auf höheren Stufen der Meditation identifizieren sie sich mit ihr, sodass sie die Psyche umgestalten und den Alltag verwandeln kann.

Auch im Schamanismus, im hinduistischen Shaktismus und in afroamerikanischen Religionen wird das weibliche Göttliche

---

2   Aus „Daodejing“ von Laozi, Seite 27, siehe Literaturhinweis.

verehrt. Wenn Sie sich also zu einer bestimmten Kultur hingezogen fühlen, dann können Sie dort dem weiblichen Göttlichen nachspüren.

Übung: Auf der Suche nach der Göttin

Pilgern Sie mit offenem Herzen und offenen Sinnen durch Tempel und Museen, Ausstellungen und Büchereien. Wenn eine bestimmte Göttin auf die eine oder andere Weise zu Ihnen spricht, können Sie sich ein Abbild oder eine Statue von ihr beschaffen. Oder Sie malen ein Bild von ihr, das Sie an einen schön geschmückten Platz stellen können. Hier können Sie sich in innerer Stille mit der Göttin verbinden. Selbstverständlich können Sie auch mit ihr sprechen und ihr Ihr Herz ausschütten. Vielleicht kennen Sie auch ein Lied, Gebet oder Gedicht, das ihre Qualitäten preist. Diese schlummern auch in Ihnen und werden beim Singen oder Rezitieren geweckt.

Visuell veranlagte Menschen können sich sehr gut mit der Göttin verbinden, wenn sie ein geeignetes Bild von ihr betrachten. Ich selbst habe viel mit Bildern der grünen Tara und Kuan Yin meditiert. Wirklich lebendig wurde sie mir aber erst, als ich begann, zur Göttin zu beten, mich in der stillen Meditation auf sie einzustimmen und mich im Alltag auf ihre Gegenwart zu besinnen. Auch in der Natur habe ich sie oft erfahren.

2. In der Natur

Wie sagt der Volksmund in seiner bodenständigen Weisheit? – Mutter Natur.

Sie ernährt uns. Unsere Körper bestehen aus ihren Elementen, und ohne sie könnten wir bestenfalls ein paar Minuten überleben, denn sie schenkt uns die Luft zum Atmen.

Leider vergessen wir als zivilisierte Menschen das sehr oft und schädigen die Natur. Darum würde es uns – und dem gesamten Planeten – gut bekommen, wenn wir uns ihr wieder mehr zuwenden würden.

Gehen Sie darum so oft wie möglich nach draußen in den Garten oder einen Park, in einen Wald oder in die Berge. Setzen Sie sich an einen Baum und lauschen Sie, was Vögel und Wind, Tiere und Bäche Ihnen zu erzählen haben. Erleben Sie die Göttin in der fruchtbaren Erde und im schneebedeckten Feld, in stillen Bergseen und reißenden Flüssen. Erfahren Sie auch, wie die Göttin Sie nährt, stärkt und belebt. Und in jeder Jahreszeit zeigt sie Ihnen ein anderes Gesicht.

Dies wollen wir nun eingehender betrachten und uns dabei fragen: Was passt zu den einzelnen Jahreszeiten? Welche Zusammenhänge lassen sich erkennen? Liebe und Verbundenheit gehören zur Göttin wie das Gelbe ins Ei. Darum ist es das Denken in Beziehungen und Analogien, das ihr wohl gefällt.

Der Frühling ...

Wie wunderbar ist es doch, im Frühjahr in die Natur zu gehen!

Die Luft ist angenehm warm und erfüllt mit fiebriger Geschäftigkeit. Die Vögel kommen in Schwärmen zurück und preisen das junge Jahr. Zarte Blätter springen aus prallen Knospen. Die ersten Blüten brechen auf und süße Düfte erfüllen die Luft. Alles wächst und blüht und will sich ungestüm entfalten.

... und seine Analogien

Wenn wir uns fragen: Was passt zum Frühling?, dann fällt uns sofort der junge Morgen ein. Außerdem der zunehmende Mond und der Osten, weil dort die Sonne aufgeht. Als Element wäre die Luft zu nennen wegen ihrer raschen Bewegung und weil die Winde wie aus dem Nichts erscheinen.

Genauso quirlig, lebendig und schwer zu fassen sind die Gedanken. Wir können sie nicht festnageln, und auch sie entstehen wie aus dem Nichts. Außerdem können wir uns durch sie einen Überblick verschaffen: Wir erheben uns geistig in die Luft und schauen uns das Problem aus der Vogelperspektive an.

Im Körper können Sie die Luft beim Atmen erleben. Dabei werden Sie sicherlich schon erfahren haben, wie der Geist den Atem beeinflusst: Unruhige, freudige oder friedvolle Gedanken verändern das Atemmuster. Umgekehrt können Sie den Geist aber auch durch geeignete Atemübungen beeinflussen.

Auch beim Sprechen oder Singen erleben Sie die Luft. Sie kommunizieren, Sie verbinden sich. Dies geschieht übrigens bereits dann, wenn Sie nur atmen. Denken Sie nur einmal daran, wer die Luftmoleküle, die Sie jetzt einatmen, schon alles in sich aufgenommen haben mag.

Auch in der Natur können Sie die verbindende Qualität der Luft erfahren.

Übung: Die Sprache des Windes

Gehen Sie an einem windigen Tag nach draußen und spüren Sie, wie der Wind über Ihre Wangen streicht oder Ihre Haare zaust. Lauschen Sie dem Wind. Stimmen Sie sich auf ihn ein. Dann kann die Göttin Sie durch ihn berühren. Manchmal aufmunternd oder bestätigend. Manchmal mag sie Ihnen streng ins Gesicht blasen, etwa wenn Sie sich in Groll oder Selbstmitleid ergehen. An anderen Tagen werden Sie ihre Berührung als ein zärtliches Streicheln erleben, als einen Ausdruck ihrer grenzenlosen Liebe.

Der Sommer ...

Wie wunderbar ist es doch, im Sommer in die Natur zu gehen!

Nach dem ungestümen Neuanfang im Frühling geht alles einen ruhigeren Gang. Und doch ist da eine unbeirrbare Zielstrebigkeit, mit der die Natur alles zur Reife treibt. Unter der glühenden Sonne brütet sie üppige Fülle aus. Das Getreide wird schwer, und die Äste der Bäume biegen sich von den reifenden Früchten. Vögel brüten und Jungtiere werden geboren. Die ganze Natur kündet von der verschwenderischen Großzügigkeit der Göttin.

... und seine Analogien

Zur sommerlichen Hitze passen der Mittag – die heißeste Zeit des Tages – und der Süden, wo die Sonne am Mittag steht, zumindest auf der Nordhalbkugel. Die zugehörige Mondphase wäre der Vollmond und das zugehörige Element das Feuer, das über die Macht der Transformation verfügt. Im Körper äußert sie sich als das sogenannte „Verdauungsfeuer", das Nahrung in Energie verwandelt. In der Psyche sind es der Wille und die Begeisterung, die zur Reife treiben. Ohne Leidenschaft kann nichts vollendet werden. Doch das Feuer kann auch zerstören, wenn es zum Beispiel in einem Wutanfall außer Kontrolle gerät.

Wenn Sie dem Feuer näherkommen möchten, können Sie in eine Kerze schauen oder besser noch in ein Lagerfeuer. Den wilden Tanz der Flammen erfahren Sie aber auch in Ihrem Körper als wilde Leidenschaft oder wenn Sie einmal eine heiße Silberscheibe einwerfen und wild drauflostanzen.

Oder Sie lassen sich ganz einfach von der Sonne verwöhnen.

Übung: Ein Sonnenbad

Legen Sie sich in die Sonne und genießen Sie die Wärme auf der Haut. Lassen Sie sich davon durchglühen und spüren Sie, wie die Hitze zur Reife treibt. Dazu müssen Sie nicht viel tun. Im Sommer ist das Leben leicht. Sie müssen sich nicht abstrampeln, um für Wärme und Nahrung zu sorgen. Die Göttin schenkt Ihnen alles in verschwenderischer Großzügigkeit. Liegen Sie einfach nur da und schauen Sie in die unendliche Weite des tiefblauen Himmels. Lassen Sie sich einhüllen von der mütterlichen Wärme des Sommers.

Der Herbst ...

Wie wunderbar ist es doch, im Herbst in die Natur zu gehen!

Die Blätter der Laubbäume leuchten in den verschiedensten Farben. Es ist, als zeigten sie nun endlich ihre ganz besondere Eigenart. Die ersten Nebel ziehen auf und hüllen alles in ein Mysterium. Die Melancholie der Vergänglichkeit hat ihren ganz besonderen Reiz.

... und seine Analogien

Zum Herbst passen der abnehmende Mond, der Abend – das Ende des Tages – und der Westen, wo die Sonne abends steht. Das zugehörige Element ist das Wasser, in dem sich alles auflöst. Im Körper ist es reichlich vorhanden. Er besteht zu etwa 67 Prozent aus Wasser.

Mit dem Wasser verwandt sind die Gefühle. Sie können tief und unergründlich sein oder aber auch keck dahinspringen wie ein munterer Bach. Außerdem kommen und gehen sie immerzu. Das ist nun einmal ihre Natur. Schwingen wir ein in ihre Rhythmen. Fühlen wir den Augenblick in seiner ganzen Totalität. Dann können wir ihn auch wieder gehen lassen und sind frei und offen für das Wunder des nächsten Augenblicks.

Wenn Sie dem Wasser näherkommen möchten, können Sie schwimmen gehen oder ein heißes Bad nehmen. Sie können sich auch im Loslassen üben. Loslassen, immer wieder loslassen: starre Meinungen und Gewohnheiten, überlebte Gefühle und destruktive Verhaltensweisen, Lebensumstände und Menschen, die sich verändern oder gehen möchten.

Das können Sie vom Wasser lernen.

Übung: Die Weisheit des Wassers

Setzen Sie sich an einen Bach oder Fluss und schauen Sie in das vorbeiströmende Wasser, in die Wirbel, Wellen und Strudel. Lauschen Sie dem Wasser. Lassen Sie sich verzaubern vom Lied der Göttin. Erleben Sie, wie alles vorüberzieht. Ja, alles, alles geht vorbei. Nichts kann es dauerhaft aufhalten. Nur verzögern können wir es durch unseren Widerstand.

Der Winter …

Wie wunderbar ist es doch, im Winter in die Natur zu gehen!

Bäume und Sträucher sind in weiße Winterkleider gehüllt, die Erde ist hart gefroren und die Luft klar und kalt. Nur selten macht sich ein Tier bemerkbar. Die Bäume haben ihren Lebenssaft in die Wurzeln gezogen, und im Schoß der Erde ruhen Pflanzensamen, die irgendwann aufbrechen und sprießen werden. Doch noch ist alles in Ruhe und atmet Frieden. Alles schläft und schöpft neue Kraft.

... und seine Analogien

Zum Winter – der Zeit der Ruhe – gehört der Neumond, die Nacht und wegen der Kälte auch der Norden, wo die Sonne nie zu sehen ist, jedenfalls auf der Nordhalbkugel.

Das zugehörige Element ist die Erde. Im Körper zeigt es sich in den Knochen und Zähnen.

In der Psyche ist es das, was die Materie repräsentiert: Manifestation, Realisation. Durch das Erd-Element gerinnen unsere Ideen und Visionen zur Wirklichkeit. Hierzu braucht es nicht selten praktischen Verstand und ein ganz besonderes Beharrungsvermögen. Sonst bleiben die Träume Schäume und Visionen zerplatzen wie Seifenblasen.

Oft brauchen wir auch eine gehörige Portion Geduld und Disziplin, wenn wir mit dem Leben tanzen wollen. Nur wenn wir fleißig lernen und beharrlich üben, erreichen wir das Stadium der Meisterschaft. Dann wirkt alles spontan und aus dem Augenblick geboren. So manifestiert sich unsere Göttlichkeit auf Erden.

Wenn Sie der Erde näherkommen möchten, können Sie gärtnern, töpfern oder barfuß gehen. Im III. Teil werden Sie noch lernen, sich zu erden und in Ihre Wurzeln zu spüren. Auch Bewegung bringt uns der Erde näher, und in der Natur können Sie sie erleben.

Übung: Die Erde spüren

Spüren Sie die Erde unter Ihren Füßen, die unerschütterliche Festigkeit von Mutter Erde. Wie vollkommen passiv sie daliegt. Und doch ist sie es, die Aktivität erst möglich macht. Ohne sie könnten wir nicht hüpfen und springen. Ohne sie hätte unsere Seele kein Zuhause und wäre allen psychischen Stürmen schutzlos ausgeliefert.
Sie können die Erde auch mit den Händen spüren. Genießen Sie ihre samtweiche Kühle und ihren ganz besonderen Duft.
Oder Sie betrachten einen Stein und erleben den Frieden, die göttliche Ruhe.

Hier noch einmal alle Zuordnungen auf einen Blick:

Jahres-zeit	Himmels-rich-tung	Tages-zeit	Mond-phase	Ele-ment	Tempe-ratur	Körper	Seeli-sche Kraft
Früh-ling	Osten	Mor-gen	zun.	Luft	Wärme	Atem	Ge-danke
Som-mer	Süden	Mittag	voll	Feuer	Hitze	Verdau-ung	Wille
Herbst	Westen	Abend	abn.	Wasser	Kühle	Lym-phe, Blut u.a.	Gefühl
Winter	Norden	Nacht	neu	Erde	Kälte	Kno-chen, Zähne	Mani-festa-tion

Wenn die Tabelle Ihnen nicht stimmig erscheint, machen Sie einfach Ihre eigene. Die Göttin ist nicht kleinlich und lässt ihren Kindern die eigene Meinung.

Selbstverständlich können Sie auch weitere Spalten einfügen, zum Beispiel für die Atemphasen oder die Weltzyklen. Viele Wissenschaftler nehmen an, dass sich das Weltall seit dem Urknall ausdehnt und entfaltet (Frühling), bis die Gravitations- und die Fliehkräfte ein Gleichgewicht erreicht haben (Sommer). Danach wird es sich wahrscheinlich wieder zusammenziehen (Herbst) und in einen Nullpunkt zusammenstürzen (Winter). Hier ruht alles in allem. Nichts ist manifestiert, aber alles ist möglich, bereit, sich mit dem nächsten Urknall wieder zu entfalten.

Sie sind der Göttin nun hoffentlich schon ein wenig nähergekommen. Vielleicht haben Sie sich an ihrer Schönheit und Üppigkeit erfreut. Oder Sie spürten ihre liebevolle Hand im Wind oder ihren Frieden in den Steinen. Und in Bächen und Flüssen konnten Sie ihre Lieder hören.

Doch nicht nur in der Natur können Sie die Göttin entdecken, sondern auch in den Phasen eines Menschenlebens.

3. In den drei Lebensphasen

Im Kapitel über Mythen und Legenden erfuhren Sie einiges über die Große Göttin in ihren drei Gestalten als Jungfrau, Mutter und weise Alte, die den Phasen im Leben eines Menschen entsprechen.

Allerdings sind diese nicht auf ein bestimmtes Lebensalter beschränkt oder auf bestimmte Umstände wie die Mutterschaft. Die göttlichen Gestalten leben immerfort in Ihnen und warten nur darauf, geweckt zu werden.

Jugend

Der Frühling des Lebens wird von ungestümen Bewegungen und ungehemmtem Wachstum bestimmt. Es herrscht eine große Lust, sich zu entwickeln und sich seinen Lebensraum zu erobern. Dies geschieht direkt und geradezu. Da werden keine Ränke geschmiedet und es wird nicht taktiert und kalkuliert. Es ist eine Zeit großer Unschuld.

Es ist aber auch eine Zeit spielerischer Leichtigkeit. Der Ernst des Lebens hat noch nicht begonnen, denn Kinder leben im Jetzt. Sie schleppen noch keine lange Vergangenheit mit sich herum, und es gibt weder Argwohn noch Groll. Sie sorgen sich nicht um die Zukunft. Sie planen nicht oder malen sich aus, wie alles zu sein hat. So leben sie leicht, und jeder Tag ist frisch und voller Abenteuer.

Obwohl sie nur so vor Kraft strotzen und unverwüstlich wirken, sind Kinder doch besonders zart und offen. Darum können wir ihnen jetzt sehr gut den Sinn für das Gute vermitteln und sie für Werte und Ideale begeistern. In dieser Zeit sind sie dem Göttlichen noch sehr nah.

Ihre große Offenheit macht sie aber auch verletzbar. Deshalb benötigen sie unseren ganz besonderen Schutz, aber auch Regeln und Grenzen. Und unter liebevoller Anleitung gedeihen sie am besten.

In der Kindheit erfahrene Verletzungen können das ganze Erwachsenenleben ebenso negativ beeinflussen wie jenes Laissez-faire, das der Gleichgültigkeit entspringt. Oft kann es deshalb im späteren Leben nötig sein, das innere Kind zu heilen. Darüber werden wir noch eingehender sprechen. An dieser Stelle möchte ich Sie nur ermutigen, sich wieder Ihren Kindheitsfreuden zuzuwenden. Wenn Sie Kinder zu betreuen haben, dann können Sie ganz ungeniert mit ihnen spielen. Sie können sich den Zugang aber auch wieder eröffnen, indem Sie die Qualität des Erlebens wieder lebendig werden lassen.

Übung: Wieder jung und unschuldig sein

Erinnern Sie sich an eine Zeit, in der Sie als Kind glücklich waren. Was haben Sie gespielt? Was hat Ihnen Freude gemacht? Lassen Sie dieses Spiel oder diese Erfahrung wieder lebendig werden mit allem, was es zu sehen und zu hören, zu riechen und zu spüren gab. Geben Sie dem Erleben Raum. Vertiefen Sie sich darin.
Richten Sie nun die Aufmerksamkeit auf die Art Ihres Erlebens: die Unschuld, das Spielerische, das Sein im Jetzt. Lassen Sie diese Qualität in Ihre heutigen Beschäftigungen einfließen.

Reife

Im Sommer des Lebens reifen die Früchte unter der Sonne rot glühender Begeisterung.

Nun zählt nicht mehr allein das eigene Wachstum, der persönliche Spaß. Wir haben eine Mission, eine Aufgabe, für die wir alle Kräfte aufbieten.

Viele Frauen bauen in dieser Zeit eine Partnerschaft auf und werden Mutter. Mutter – so manche Vorstellung knüpft sich an dieses Wort.

Eine werdende Mutter streichelt zärtlich ihren Bauch und freut sich an jeder Bewegung ihres Kindes.

Eine Mutter liebt ihr Kind ganz natürlich und gibt ihm selbstverständlich, was es braucht: Nahrung und Wärme, Schutz und Trost, Ruhe und Zärtlichkeit. Lieber würde sie selbst Mangel leiden als zuzulassen, dass es ihrem Kind an etwas fehlt.

Eine Mutter ist da für ihr Kind. Immer und bedingungslos. Selbst wenn es richtig Mist gebaut hat, hält sie ohne Wenn und Aber zu ihm.

Eine Mutter wacht über die Entwicklung des Kindes und vermittelt ihm den Sinn für das Gute. Sie sorgt für eine positive Disziplin, damit es seine Talente entfalten und in Gemeinschaft leben kann mit anderen Menschen.

Eine Mutter lässt ihr Kind frei und hilft ihm, auf eigenen Füßen zu stehen. Sie achtet seinen Eigenwillen und respektiert sein Anders-Sein.

Wahrhaftig ein hohes Ideal! Sollten Sie gerade aktiv Mutter sein, dann werden Sie sich nun wahrscheinlich überfordert fühlen. Vielleicht sind Ihre Kinder alles andere als pflegeleicht, oder Sie haben Mühe, Beruf und Familie unter einen Hut zu bringen.

Dann mögen Sie im Alltag vielleicht nicht immer so liebevoll handeln, wie Sie es gern möchten.

Das ist in Ordnung. Niemand sagt, Sie müssten immer und ausschließlich das Mutter-Ideal leben. Geben Sie Ihr Bestes. Dann wird die Göttin mit Ihnen sein und alles zum Guten wenden.

Vielleicht fühlen Sie aber auch Schmerz, weil Sie das nie erleben durften, weil Ihre Mutter ganz anders war. Dann hilft nur eines: einmal voll und ganz fühlen, was war – und schließlich vergeben. Denn Sie können nicht gleichzeitig grollen und in der Liebe der Göttin sein. (Mehr darüber in Kapitel IV-6.)

Doch unabhängig von Ihrer leiblichen Mutter kennen Sie die „wahre" Mutter. Das bedeutet: In Ihnen schlummert das Wissen um die göttliche Mutter. Das brauchen Sie nur zu wecken. Dann können auch Sie den mütterlichen Aspekt der Göttin erleben und leben.

Dazu müssen Sie keine leiblichen Kinder haben. Wir Menschen werden nicht von Instinkten und Trieben gesteuert wie die Tiere. Das bedeutet: Manche Mütter können sich dem Mutterinstinkt verweigern und ihre Kinder vernachlässigen. Und Nicht-Mütter können diesen Instinkt übertragen: Sie betreuen zum Beispiel Hilfsbedürftige oder Haustiere. Schon kleine Mädchen bemuttern gern ihre Puppe oder ihren Teddybär. Manche Menschen können auch für die gesamte Menschheit Mutterliebe empfinden, indem sie ihr Gutes schenken, sei es auf künstlerischem oder wissenschaftlichem, politischem oder spirituellem Gebiet. Als Menschen können wir uns sogar entscheiden, ein geistiges Kind zu bemuttern, zum Beispiel ein bestimmtes Projekt, eine Unternehmung oder berufliche Tätigkeit.

Übung: Mutterschaft

Spüren Sie dem Thema Mutterschaft nach. Was bedeutet es für Sie? Wer oder was weckt Ihre Muttergefühle? Wen oder was möchten Sie nähren, fördern und gedeihen lassen?

Lassen Sie Ihre Begeisterung für Ihr Kind – welcher Art auch immer – lebendig werden. Fragen Sie sich, was es braucht. Spüren Sie die Liebe, mit der Sie ihm geben möchten, was es zum Wachsen und Gedeihen braucht.

Freuen Sie sich an allem, was Sie geschaffen haben, um diese Welt zu einem schöneren und freundlicheren Ort zu machen.

Alter

Der Herbst des Lebens ist eine Zeit des Loslassens und der Konzentration auf das Wesentliche. Vieles, was einmal wichtig war, verschwindet oder fällt von Ihnen ab.

Die Kinder gehen aus dem Haus und leben ihr eigenes Leben. Eltern, Partner/innen und Freund/innen verlassen diese Welt. Das kann äußerst schmerzhaft sein. Doch die Göttin ist auch jetzt mit Ihnen und schenkt Ihnen ihren Trost und ihre Liebe. Das lässt den Schmerz nicht verschwinden. Doch es macht ihn so leicht, dass Sie ihn tragen können. Am Ende mögen Sie vielleicht sogar erfahren, dass Abschiede befreien können.

Das gilt zum Beispiel auch für das Ausscheiden aus dem Beruf. Nun werden keine Höchstleistungen mehr verlangt. Sie müssen sich nicht mehr ständig beweisen oder Eindruck schinden.

Sogar den natürlichen Alterungsprozess können wir als Befreiung erleben. Endlich müssen wir nicht mehr so viel Zeit mit Frisur und Make-up verbringen. Endlich können wir uns einfach und zweckmäßig kleiden: keine kneifenden String-Tangas mehr und keine Stöckelschuhe, nie mehr im leichten Blüschen frieren oder sich in enge Jeans quetschen müssen. Sogar an unseren Falten können wir uns erfreuen: Sie gehören zu uns wie das Leben, das wir geführt haben. Legen wir unser Gesicht beizeiten in freundliche Falten, dann sehen wir auch im Alter noch zum Knuddeln aus.

Die verbleibende Zeit wird jedoch immer kürzer und die Kräfte lassen nach. Wer im Leben allzu viel versäumt hat, mag nun mit Bitterkeit zu kämpfen haben. Doch bietet diese Zeit auch eine ganz besondere Chance. Sie fordert uns auf zu fragen: „Was möchte ich noch tun in meinem Leben? Was ist mir wirklich wichtig?" Auf diese Weise finden Sie zu Ihrer ganz persönlichen Eigenart und zu Ihrer Antwort auf die wesentlichen Fragen des Lebens. Dabei destillieren Sie Ihre Lebenserfahrungen zu Weisheit und schenken sie der Welt.

Die Knappheit der Zeit macht sie aber auch besonders wertvoll. Das lädt uns dazu ein, jeden Augenblick voll und ganz zu leben. Wie die Kinder konzentrieren wir uns nun auf das Hier und Jetzt und wie die Kinder stehen wir dem Göttlichen nun besonders nah. Doch wir sind bewusster darin. Wir wissen, was uns wichtig ist, und tun es bewusst und mit ganzem Herzen. Tag für Tag, Stunde um Stunde, Sekunde um Sekunde. Darin finden wir unser Glück und einen tiefen Sinn.

Doch dafür müssen Sie nicht erst achtzig werden. Ganz im Gegenteil. Am besten stellen Sie sich schon jetzt den wesentlichen Fragen.

Hierzu möchte die folgende Übung Sie einladen. Sie mag Angst machen. Doch zugleich erfahren Sie durch sie, wie unendlich kostbar das Leben ist. Außerdem hilft sie Ihnen, Ihre Bestimmung zu finden und zu leben – die zentrale Aufgabe der Reifezeit. Allerdings lebten wir damals noch in der Fülle und konnten vieles tun. Jetzt sollte sich das Wichtigste herauskristallisieren.

Zwischenleben

Im Winter zieht sich das Leben in seine Wurzeln zurück. Es zeigt sich nicht mehr auf der Erde. Genauso leben auch die Toten in einem Mysterium, das wir Lebenden wohl kaum ganz ergründen können.

Vielleicht gehen Verstorbene durch eine Zeit, in der sie ihre vergangene Existenz prüfen.

Vielleicht gehen sie danach in ein Licht und sind fortan für immer mit der Göttin vereint.

Vielleicht gehen sie auch durch eine Zeit unkörperlicher Existenz, die ähnlich chaotisch sein kann wie im Traum. Oder sie machen Ferien im wunderschönen Sommerland, bis sie einen neuen Körper wählen. Es gibt so viel zu erfahren und so viel zu lernen. Es gibt so viele verschiedene Möglichkeiten, die Göttin zum Ausdruck zu bringen.

Letztendlich wissen wir nicht, was im Jenseits auf uns wartet. Doch wir können darauf vertrauen, dass die Göttin auch dann mit uns ist. Es gibt keinen Ort, wo sie nicht wäre. Überall ist sie da und umfängt uns mit ihrer Liebe.

Wir sind den Spuren der Göttin nun in den verschiedenen Lebensphasen gefolgt. Hierbei haben wir festgestellt, dass wir die drei Gestalten der Göttin unabhängig vom Alter und bestimmten Lebensumständen erleben können. Im nächsten Kapitel werden wir sie auch in unserer Psyche entdecken.

4. In der Psyche

Das Zeitalter der Aufklärung war geprägt durch eine große Wertschätzung der Vernunft. Sie sollte das Denken von althergebrachten Vorstellungen, Vorurteilen und Ideologien befreien. Der Mensch sollte nicht länger Obrigkeiten, Moden oder dem Zeitgeist folgen, sondern seinem Verstand. Bewusste, logische Entscheidungen sollten sein Leben leiten.

Im 19. Jahrhundert erkannte Sigmund Freud: Die meisten Menschen handeln selten aufgrund von bewussten und willentlichen Entscheidungen. Vielmehr werden sie meist von unbewussten Prozessen gesteuert, von Trieben und Bedürfnissen, Affekten und Normen, die sie von ihren Eltern oder der Umwelt übernommen haben, ohne sie je bewusst zu prüfen.

In den letzten Jahren wird immer klarer erkannt, dass die Psyche damit nicht vollständig beschrieben werden kann. Es gibt da noch einen spirituellen Teil, welcher nun von der transpersonalen Psychologie erforscht wird, während die Parapsychologie die verborgenen Fähigkeiten des Unbewussten untersucht.

Befassen wir uns nun eingehender mit diesen drei Aspekten der Psyche. Dabei fragen wir uns: Wie können wir uns mehr und mehr auf das Göttliche hin ausrichten? Dabei kommt dem unterbewussten tiefen Selbst eine wichtige Aufgabe zu: Es stellt die nötigen Gefühle und Energien bereit, während das vernünftige Selbst sie in die richtige Richtung lenkt.

Das mittlere Selbst

Das mittlere oder vernünftige Selbst ist der Sitz des wachen Bewusstseins und des logischen Denkens. Es kann Ihrem Leben eine bestimmte Richtung geben. Es kann wählen und Entscheidungen treffen. Das ist seine zentrale Aufgabe.

Um diese zu erfüllen, nutzen wir einfach seine Fähigkeit, die bewusste Aufmerksamkeit in eine bestimmte Richtung zu lenken. Wenn Sie zum Beispiel ungesunde Gewohnheiten verändern möchten, dann kämpfen Sie nicht dagegen an, denn damit würden Sie nur gegen sich selbst ankämpfen und sich schließlich erschöpfen. Außerdem würden Sie das Unerwünschte damit nur stärken, gerade weil Sie ihm so viel Aufmerksamkeit schenken.

Stattdessen lenken Sie sie einfach auf das, was Sie fördern möchten. Erinnern Sie sich an die mühelose Art des sommerlichen Reifens: Strahlen Sie mit der Sonne Ihrer Aufmerksamkeit auf das, was wachsen soll. Und das nicht nur einmal, sondern jeden Tag, immer wieder neu.

Angenommen, Sie hätten beschlossen gesünder zu denken, fühlen und handeln, damit die Göttin sich besser durch Sie offenbaren kann. Wenn Sie merken, dass Sie gerade eine Chipstüte in der Hand haben, legen Sie sie weg und essen was Gesundes, falls Sie überhaupt Hunger haben. Wenn Ihnen auffällt, dass Sie sich über jemanden ärgern, so denken Sie etwas Freundliches über diese Person. Und wenn Ihre Gedanken schon wieder in der alten Panikschleife rotieren, dann fassen Sie Gedanken des Mutes und der Zuversicht. Wie könnten Sie auch verzagen, wenn die Göttin mit Ihnen ist? Erinnern Sie sich einfach daran, wieder und wieder, bis das neue Denken stärker geworden ist als das alte.

Das hört sich leichter an, als es ist. Tatsächlich sind alte Muster, Süchte und Gewohnheiten oft ungeheuer stark. Doch wir können sie verändern. Ich zum Beispiel habe vor fünfzehn Jahren fünfundzwanzig Kilo abgenommen. Seitdem halte ich das damals erreichte Normalgewicht. Und was ich kann, das können Sie auch. (In diesem Buch finden Sie viele Übungen, die Ihnen dabei helfen können. Sie haben nur einen Nachteil: Lesen allein nützt nicht viel.) Egal, ob Sie zu viel Alkohol trinken oder zu viel rauchen, ob Sie zu mager oder zu mollig sind – wenn Sie daran etwas ändern möchten, dann schaffen Sie das auch. Sie haben die Wahl. In jedem Augenblick Ihres Lebens können Sie entscheiden, in welche Richtung es weitergehen soll.

Vorausgesetzt, Sie sind bei Bewusstsein.

Es gilt also, das bewusste Gewahrsein und den freien Willen zu entwickeln. Dann folgen wir nicht mehr blindlings dem, was das unbewusste Selbst uns einflüstert, und lassen uns nicht länger von unbewussten Mustern, Süchten und Gewohnheiten treiben. Wir lassen uns dann auch nicht mehr von anderen Menschen gängeln oder von den Medien und der öffentlichen Meinung. Nun bestimmen wir selbst die Richtung, in die wir gehen.

Genau das will die Göttin. Sie hat uns nicht als Marionetten geschaffen. Wir dürfen selber gehen. Auch fort von ihr, wenn wir das wollen.

Aber wollen wir das?

Tatsächlich sehnen wir Menschen uns im tiefsten Innern nach dem Göttlichen. Es ist die Erfüllung unserer tiefsten Sehnsucht. Und wenn wir gelernt haben, unseren Entscheidungen treu zu bleiben, können wir uns auch klar und beständig darauf ausrichten. Wir können Prioritäten setzen und zum Beispiel spirituelle Übungen machen, statt vor dem Fernseher abzuhängen.

Doch zuvor können Sie einmal klären, was das Göttliche für Sie bedeutet.

Übung: Über das Göttliche nachdenken

Am besten antworten Sie schriftlich auf folgende Fragen:

- Was ist Ihnen heilig?
- Was ist Ihr höchstes Ideal?
- Welcher spirituellen Tradition fühlen Sie sich verbunden?
- Haben Sie spirituelle Vorbilder? Welche?
- Welche Assoziationen verbinden Sie mit Gott oder Göttin?
- Wie stellen Sie sich Gott oder Göttin vor?
- Beten Sie nie/manchmal/oft? In welcher Weise?
- Haben Sie Erfahrungen mit dem persönlichen Göttlichen? Welche?
- Meditieren Sie? Wie?
- Haben Sie Erfahrungen mit dem unpersönlichen Göttlichen? Welche?

Selbstverständlich können wir das Göttliche nicht auf der Ebene von Worten und Gedanken fassen. Diese können aber eine Richtung weisen, Hindernisse beseitigen und einen persönlichen Zugang eröffnen. Darum befassen sich viele Übungen in diesem Buch damit, das bewusste Denken auf das Göttliche hin auszurichten.

Mit ihm können wir uns aber nur verbinden, wenn auch das tiefe Selbst mitmacht. Seine Energien und Gefühle sind dabei ebenso wichtig wie seine Fähigkeit, heilsame Gewohnheiten zu bilden.

Das tiefe Selbst

Das unterbewusste, tiefe Selbst verfügt über ganz erstaunliche Fähigkeiten.

Ohne es könnten wir nicht eine Sekunde überleben, denn es steuert die Körperfunktionen und die Instinkte. Außerdem erzeugt es die Lebensenergie, die uns gesund und vital erhält. Das tiefe Selbst kann auch Energien aussenden und spüren. Das ist nicht nur wichtig, wenn wir die Zuträglichkeit von Orten, Objekten und Menschen erkennen möchten, sondern auch, wenn wir uns mit der Göttin verbinden wollen.

Hierzu bedarf es außerdem der Gefühle. Sie bewegen die Welt, und sie bewegen uns. Zum Beispiel hin zur Göttin, vielleicht aus Liebe oder Sehnsucht. Vielleicht aus einem Ungenügen an der Welt heraus oder weil wir so sehr leiden, dass wir keinen anderen Ausweg sehen.

Auch die Verbindung selbst ist mit Gefühl gestrickt. Wenn das kindliche Selbst die Göttin erst einmal kennengelernt hat, sind seine Gefühle für sie voller Hingabe, Verehrung und Vertrauen, denn es hat immer nur Gutes von ihr erfahren.

Daran kann es sich sehr wohl erinnern. Überhaupt erinnert es sich an alles, was es je erfahren hat. Wenn Sie wissen möchten, welche Frisur Ihre Lehrerin aus der 3. Klasse hatte oder wer damals neben Ihnen saß – das tiefe Selbst kann es Ihnen sagen.

Vergessen sind leider auch nicht die Kränkungen und Verletzungen. Wenn es nicht damit fertig wird, verdrängt es sie und bildet daraus negative Glaubenssätze, die den Weg zur innewohnenden Göttin versperren können. Deshalb werden wir noch ausführlich darüber sprechen, wie wir sie ändern können (siehe Kapitel IV-5).

Das tiefe Selbst erinnert sich auch an alles, was es einmal gelernt hat. Daraus bildet es Muster und Gewohnheiten, die es selbstständig ausführen kann.

Bei Bewegungsmustern ist das besonders praktisch. Irgendwann haben wir gelernt, wie man bügelt und spült, Schnürsenkel bindet und Pirouetten dreht, und es schließlich dem „Autopiloten" übergeben. Wollten wir alle Bewegungen bewusst steuern, wären wir schlicht überfordert.

Das bedeutet jedoch nicht, dass wir dumpf und unbewusst dahinleben sollten. Im Gegenteil. Wir können das tiefe Selbst handeln lassen und trotzdem mit dem bewussten Gewahrsein dabeibleiben. Wichtig und nötig ist dies vor allem, wenn wir etwas Neues lernen möchten.

Das ist nicht immer leicht, denn das tiefe Selbst ist ein Gewohnheitstier und bleibt gern bei den einmal gelernten Mustern des Handelns, Fühlens und Denkens. Am liebsten fährt es in den gewohnten Geleisen. Das ist natürlich ganz wunderbar, wenn diese uns zur Göttin bringen. Leider führen sie aber oft auch in die Wüste. Oder nicht mehr zum Ziel, weil sich was verändert hat. Und das passiert fortwährend.

Nun kann das tiefe Selbst aus neuen Umständen und Gegebenheiten keine logischen Schlüsse ziehen. Das vermag nur das mittlere Selbst. Es kann dem tiefen Selbst eine neue Richtung weisen. Lässt es sich dabei vom Göttlichen inspirieren, dann wird alles gut.

Allerdings können Sie das tiefe Selbst nur lenken und leiten, wenn Sie ein Vertrauensverhältnis zu ihm aufgebaut haben. Hierzu müssen Sie es zuerst einmal kennenlernen.

Dabei ist es hilfreich, seine Sprache zu kennen – Bilder und Symbole, Energien und Gefühle. Darum sind Mythen und Legenden so wichtig. Auch die symbolischen Handlungen des III. Teils können es sehr ansprechen.

Nun ist das tiefe Selbst eines jeden Menschen ganz einzigartig. Jedes hat seine eigenen Vorlieben und einen ganz eigenen Charakter.

Manche sind verspielt und immer zu Spaß und Streichen aufgelegt. Andere sind eher ernst. Manche vertragen Befehle und auch schon mal ein strenges Wort. Andere brauchen vor allem Geduld und Freundlichkeit. Manche spielen gern, zum Beispiel Erinnerungen suchen oder raten, wie spät es gerade ist. Sie können mit ihm auch Lebensmittel oder Ihren Schlafplatz austesten, zum Beispiel mit einer Wünschelrute oder einem Pendel. Hüten Sie sich aber davor, das tiefe Selbst nach der Zukunft zu fragen oder um eine Entscheidung zu bitten. Dafür ist es nicht zuständig.

Eines jedoch ist allen tiefen Selbsten gemeinsam: Sie folgen unserer Anleitung gern und willig, wenn wir ihnen freundlich zureden und liebevoll mit ihnen umgehen.

Beginnen wir nun mit dem ersten Kennenlernen – hoffentlich der Beginn einer wunderbaren Freundschaft, die Sie nun täglich pflegen. Manchmal reichen ein paar Minuten am Tag. In Krisenzeiten oder wenn es etwas Neues lernen soll, darf es auch schon mal länger sein.

Übung: Freundschaft schließen mit dem tiefen Selbst

Nehmen Sie sich einen Augenblick Zeit, sich vom Alltag zu lösen und zur Ruhe zu kommen.

Grüßen Sie Ihr tiefes Selbst und fragen Sie, wie es heißt. *(Der Name verrät schon einiges über seinen Charakter oder darüber, wie es gerade aufgelegt ist, denn manche nennen jeden Tag einen anderen Namen.)* Denken Sie nicht über die Frage nach. Stellen Sie sie einfach in den Raum und warten Sie auf die Antwort. Wenn keine kommt, dann ist das auch in Ordnung. Dann äußert sich Ihr tiefes Selbst vielleicht lieber durch Malen oder Musik, Bewegungen oder auf andere Weise. Experimentieren Sie ganz einfach damit.

Sagen Sie laut oder still in sich hinein: „Du, ich mag dich und möchte mich mit dir anfreunden. Ab heute möchte ich mich besser um dich kümmern. Darum wüsste ich ganz gern, wie es dir geht." *(Wenn es Ihnen seltsam vorkommt, Ihr tiefes Selbst auf diese Weise anzusprechen, können Sie auch in der Ich-Form fragen: Wie geht es mir eigentlich? Was fühle ich? Was genau fühle ich jetzt? Wie fühlt sich das an?)*

Vielleicht antwortet das tiefe Selbst durch ein bestimmtes Gefühl oder eine Stimmung. Versuchen Sie nicht, ihm das auszureden. Jetzt ist es nun mal da und verdient Ihre volle Anteilnahme.

Sagen Sie: „Danke, dass du dich mir anvertraut hast. Vielleicht kann ich nun noch was für dich tun. Was würde dir denn Freude machen?"

Erfüllen Sie ihm seinen Wunsch, wenn es keinem schadet.

Wenn Sie keine Antwort bekommen, können Sie auch etwas vorschlagen und auf das aufkeimende Gefühl achten. Vielleicht möchte Ihr tiefes Selbst auch ganz einfach Ihre Aufmerksamkeit und Ihr Mitgefühl. Geben Sie ihm, was es braucht.

Am Ende verabschieden Sie sich und sagen ihm, dass Sie sich morgen wieder Zeit für es nehmen.

Je mehr Sie sich mit dem tiefen Selbst anfreunden, desto leichter können Sie es daran gewöhnen, seine Energien und Gefühle mit dem Göttlichen zu verbinden.

Dem folgt das tiefe Selbst gern und willig, denn im Grunde will es nur das Gute. Sogar, wenn es Sie zu schädlichen Gewohnheiten treibt. Fragen Sie dann, was es damit bezweckt. Zum Beispiel kann es gute Gründe haben, Sie mit Essen vollzustopfen. Vielleicht braucht es das Fett als Schutzpanzer oder es wurde darauf gedrillt, seinen Teller leer zu essen. Möglicherweise will es Sie mit Schokolade trösten oder es will körperlich mehr Raum einnehmen, weil es immer übersehen wird. Dann überlegen Sie, wie Sie dieselben Ziele auf gesündere Weise erreichen können, und leiten Sie Ihr tiefes Selbst dazu an. Und wenn es Sie zum Trinken verführt, dann möchte es Sie vielleicht nur aufheitern. Stattdessen könnten Sie Lach-Yoga machen oder das innere Lächeln üben (siehe Seite 68). Oder es möchte Sie durch Alkohol betäuben und vor unangenehmen Gefühlen schützen. Doch das funktioniert nicht gut und auch nur unzulänglich. Besser stellen Sie sich den unangenehmen Gefühlen. Dann können sie sich im

Licht und der Liebe der Göttin auch wieder auflösen, wie wir später noch sehen werden (siehe Kapitel IV-5).

Befassen wir uns nun eingehender mit dem göttlichen Teil der Psyche.

Das hohe Selbst

Das Überbewusstsein oder hohe Selbst ist göttlicher Natur. Seine Liebe, Kraft und Weisheit übersteigen jedes Begreifen. Seine Schöpferkraft ist unermesslich. Und wir sind auf Es hin geschaffen, sind gemeint als individuelle und sich seiner selbst bewusste Wesen, die das innewohnende Göttliche erkennen und leben.

Erfahren können wir Es als absolut vertrauenswürdiges Eltern-Wesen, dem unser Wohl am Herzen liegt. Als solches hat Es eine männliche und eine weibliche Seite. Ihnen können verschiedene göttliche Eigenschaften zugeordnet werden. Ich persönlich erlebe die männliche eher als Kraft und Macht, die weibliche dagegen erscheint mir zarter, liebevoller und von stiller Freude erfüllt.

Nun sagen manche Menschen: Ich glaube nicht an Gott. Und an eine Göttin schon mal gar nicht. Ich glaube nur an das, was ich sehen und anfassen kann. In schwarzen Stunden denkt wahrscheinlich jede/r so. Doch die Sonne scheint immer, auch hinter dicken Wolken. Die Göttin ist immer da. Doch sie drängt sich nicht auf und mischt sich nicht in unser Leben. Sie respektiert unseren Willen und macht sich höchstens einmal in der Not als „Schutzengel" bemerkbar. Ansonsten schläft sie wie Dornröschen.

Doch wir können sie wach küssen. Wir können sie in unser Leben einladen und ihre segensreiche Kraft erfahren. Hierzu können wir uns in der inneren Stille auf ihre Gegenwart besinnen.

Übung: Die Gegenwart der Göttin spüren

Kommen Sie in eine aufrechte und entspannte Sitzhaltung auf einem Stuhl, einem festen Kissen oder Bänkchen. Das Becken ist so gekippt, dass Sie den Rücken entspannt in der natürlichen Doppel-S-Kurve halten können. Nehmen Sie dafür so viele Kissen wie nötig zu Hilfe. Der Unterkiefer ist gelöst und das Kinn Richtung Hals gezogen, denn der Nacken sollte lang und möglichst gerade sein.

Richten Sie nun die Aufmerksamkeit auf Ihre Gedanken, die kommen und gehen. Wie Wolken, die vorüberziehen. Sie aber wollen den blauen Himmel sehen, das Gewand der Göttin …

Beobachten Sie die Gedanken, ohne sich gegen sie zu wehren oder sie weiterzuspinnen. Schauen Sie sie freundlich an – und lassen Sie sie dann weiterziehen …

Wenn ein Gedanke kommt, können Sie sich fragen: Betrifft er die Vergangenheit, die Gegenwart oder die Zukunft? … Ist er neu oder kenne ich ihn schon? … Macht er mich glücklich? … Freuen Sie sich an Ihren Erkenntnissen … und lassen Sie den Gedanken weiterziehen …

Nun können Sie auch einmal auf die Pausen zwischen den Gedanken achten …

In einer solchen Pause besinnen Sie sich auf die Gegenwart der Göttin. Sagen Sie sich: „Die Göttin ist da." Spüren Sie ihre segensreiche Gegenwart. Werden Sie sich ihrer Liebe bewusst.

Sollte sich nichts in Ihnen regen, versuchen Sie es später wieder. Irgendwann werden auch Sie die Gegenwart der Göttin erleben. Wenn nicht in dieser Übung, dann in einer anderen. Oder sie kommt zu Ihnen, wenn Sie es am wenigsten erwarten.

Am reinsten zeigt sich die göttliche Gegenwart in einer zarten, stillen Präsenz, einem Einfach-Sein, Jetzt-Sein, So-Sein, In-Liebe-Sein. Sie kann sich aber auch in Gefühlen spiegeln. Vielleicht ist da ein tiefer Friede oder höchste Glückseligkeit. Möglicherweise fühlen Sie sich auch endlich zu Hause, endlich ganz da, wo Sie immer sein wollten. Oder Sie wissen plötzlich, dass Sie nicht alleine sind. Vielleicht öffnet sich Ihr Herz und alle Menschen sind Ihnen auf einmal lieb und wert. Sogar ein vermeintliches Ekelpaket.

Das wirkt sich auf Ihr Leben aus: Das Ekelpaket wird netter oder verschwindet aus Ihrem Leben. Sie sind in Frieden, und keiner will sich mehr mit Ihnen streiten. Wunderbare Heilungen können geschehen, und glückliche Zufälle verwirklichen Ihr inneres Glück auch im Außen.

Oft kommt auch etwas Neues in Ihr Leben, denn während das tiefe Selbst automatisch denkt und das mittlere logisch, kann das hohe Selbst schöpferisch denken. Wenn also neue Ideen Sie inspirieren oder die leise Stimme der Intuition Sie heilsam lenkt, dann bedanken Sie sich bei Gott oder Göttin.

Kommt nun der ungläubige Thomas und will Ihre spirituellen Erfahrungen als Einbildung abtun, so können Sie ihm sagen: „Wirklichkeit ist, was wirkt; und die Göttin wirkt heilsam in meinem Leben."

Sollte in Ihrem Leben jedoch noch alles beim Alten geblieben sein, erwidern Sie: „Einbildung – na und? Immerhin schadet sie keinem, macht glücklich und hat keine Kalorien."

Und schließlich gönnen Sie sich noch ein Häppchen Stille, richten sich auf die Göttin aus und erlauben ihr, sich zu offenbaren. Möglicherweise finden Sie dabei auch den Zugang zur Großen Göttin.

Die Große Göttin

Ähnlich wie bei den Jahreszeiten und Lebensphasen gibt es auch bei den Selbsten einen winterlichen, verborgenen Aspekt, den wir die Große Göttin nennen können oder auch das Große Namenlose.

Diese/s ist nicht für die persönlichen Belange einzelner Wesen zuständig. Dazu haben wir unsere eigenen hohen Selbste – die uns innewohnenden Göttinnen und Götter.

Doch hat nicht nur jeder Mensch ein hohes Selbst, sondern ebenso jede Gruppe: Familien und Vereine, Städte und Religionsgemeinschaften, Länder und Universen – alles hat ein hohes Selbst. Der Himmel ist erfüllt von einer Hierarchie der hohen Selbste.

Je mehr fühlende Wesen eines zu betreuen hat, desto umfassender und mächtiger ist es und desto höher ist die Ebene, auf der es lebt. Je höher die Ebene, desto unpersönlicher ist es aber auch.

Das setzt sich immer weiter fort bis hin zum göttlichen Urgrund, über den wir schon gesprochen haben. Dieser ist ohne Name und ohne Form, anwesend und fühlbar in allem, was ist, doch letztendlich völlig unpersönlich und dem menschlichen Erleben eher fremd. Darum wenden wir uns zunächst an unser eigenes hohes Selbst und laden die Göttin in unser Leben ein.

Damit sie sich bei uns auch wohlfühlt, wollen wir Körper und Geist entsprechend vorbereiten. Nicht, dass das unerlässlich wäre. Doch die Göttin drängt sich nicht auf. Wir müssen schon einen ersten Schritt machen.

Ein einziger Schritt von uns – und sie kommt uns Tausende entgegen und schließt uns in ihre liebenden Arme.

II Bereiten Sie sich auf die Göttin vor

Stellen Sie sich vor, der liebste und teuerste Mensch kommt zum ersten Mal zu Besuch.

Werden Sie da Gerümpel und stinkenden Müll im Wohnzimmer haben wollen? Nein, wahrscheinlich werden Sie aufräumen und alles blitzblank scheuern. Sie werden dafür sorgen, dass Ihre Liebste oder Ihr Liebster ein schönes Plätzchen bei Ihnen findet.

Darum schaffen wir nun in unserem Innern ein Heiligtum für die Göttin. Wir machen Platz für sie. Wir öffnen uns für sie, indem wir uns entspannen, Blockaden lösen und den Geist heiter und friedlich stimmen.

1. Im Körper

Was für ein wunderbares Geschenk hat uns die Göttin doch mit dem Körper gemacht! Durch ihn sehen wir die Sterne und das Lächeln unserer Lieben, hören die Amseln singen und die Bäche plätschern, können Sahneeis essen, küssen, in Pfützen springen und, und, und. So viele Freuden gewährt uns der Körper. Ehren wir das Geschenk, indem wir es pflegen. Machen wir es zu einer heimeligen Wohnstätte für unsere Göttin, indem wir den Körper gesund erhalten und Spannungen lösen.

Gesunde Lebensweise

Wahrscheinlich wissen Sie recht gut, was unter einer gesunden Lebensweise zu verstehen ist. Wenn ich hier einige Punkte nenne, dann möchte ich Sie nur daran erinnern. Das mag Ihnen helfen, sie in Ihrem Leben umzusetzen.

Beginnen wir mit der Ernährung – mit den großzügigen Gaben, die die Göttin uns alltäglich darbietet. Schätzen wir ihre Geschenke und zeigen wir unsere Dankbarkeit, indem wir das auswählen, was dem Körper am besten bekommt. Genussgifte sollten dabei eher sparsam verwendet werden. Natürlich müssen wir uns nicht kasteien. Andererseits wissen wir aber auch: Der Genuss hört auf, wo die Sucht beginnt. Ansonsten brauchen wir aus unseren Salatblättern keine Religion zu machen, wenn wir nur auf die Qualität der Nahrung achten.

Des Weiteren braucht der Körper ausreichend Bewegung. Sie löst Spannungen und Blockaden, stärkt das Immunsystem und reguliert den Blutdruck, härtet die Knochen und hält Adern und Gelenke fit, hilft bei Rückenschmerzen und vieles mehr. Gäbe es sie in Pillenform, dann könnte man steinreich damit werden.

Selbstverständlich braucht der Körper auch genügend Wärme und Ruhe. Hier dürfen wir uns an unsere mütterlichen Qualitäten erinnern. Sie helfen uns, den Körper so zu behandeln, dass es ihm wohl ergeht.

Sollten Sie in allzu vielen Bereichen Raubbau an Ihrer Gesundheit treiben, dann können Sie auf der Ebene des mittleren Selbst entscheiden, welche Veränderungen jetzt anstehen. Wollten wir alles auf einmal ändern, würden wir dabei völlig aus dem Gleichgewicht geraten. Verfolgen wir also die Politik der kleinen Schritte. In stressigen Zeiten und unter dem Druck großer Anforderungen können wir uns getrost auch einmal erlauben, im

Moment gar nichts zu ändern. Ist die Zeit aber reif, dann weisen Sie Ihrem tiefen Selbst die Richtung zu mehr Gesundheit.

Später dann, wenn die Göttin in Ihnen wach und lebendig geworden ist, entfaltet sie sich ganz natürlich zu einer Kraft, die Sie zu Gesundheit und Wohlbefinden führt. Dann brauchen Sie sich keine Gedanken mehr um Ihre Lebensweise zu machen, denn die göttliche Weisheit führt Sie auf gesunden Wegen und die göttliche Kraft hält Sie gesund.

Entspannung

Zuvor aber müssen wir uns ihr zugänglich machen. Ein wesentlicher Faktor dabei ist die Entspannung. Sie baut Stress ab und löst die im Körper eingefrorenen Traumata, die uns den Kontakt zur Göttin verwehren können.

Vielleicht kennen Sie ja bereits eine geeignete Entspannungsmethode. Dann tun Sie weiter, was Ihnen gut bekommt. Das muss keine klassische Entspannungstechnik sein. Manche Menschen können sich gut in der Badewanne entspannen, beim Gärtnern oder Musik hören. Auch durch Bewegung lassen sich Spannungen abbauen. Später, wenn Sie mit der Göttin vertrauter geworden sind, kann es auch schon genügen, sich auf ihre Gegenwart zu besinnen, und Sie fühlen sich wunderbar wohl und entspannt.

Sollten Sie noch nichts Passendes für sich gefunden haben oder einmal etwas Neues ausprobieren wollen, dann kann ich Ihnen die Körperreise empfehlen. Viele Menschen entspannen ganz wunderbar, indem sie einfach ihren Körper durchspüren. Dabei können Sie sich, wie hier beschrieben, ganz auf die Haut konzentrieren und sich dabei vorstellen, Sie würden mit dem Bewusstsein sanft darüberstreichen.

Besonders gut gelingt eine solche Entspannung, wenn Sie sich dabei führen lassen. Vielleicht können Sie sich den Text vorlesen lassen oder Sie sprechen ihn mit den durch drei Punkte gekennzeichneten Pausen auf Band oder arbeiten mit einer meiner Entspannungs-CDs.

Wo die Körperreise beginnen und enden sollte, darüber gibt es die verschiedensten Ansichten, und für jede gibt es einleuchtende Gründe. In meinen Kursen wird bei den Füßen angefangen, um erst einmal „runterzukommen". Dann tasten wir uns nach oben vor bis zum Kopf, um wach zu bleiben. Wir wollen ja nicht dösen, sondern in den Zustand eines tief entspannten Gewahrseins eintreten.

Sollten Sie jedoch eine andere Reihenfolge bevorzugen, dann üben Sie entsprechend. Die Göttin ist nicht kleinlich. Sie schreibt Ihnen nicht haarklein vor, wie Sie durch ihr Heiligtum zu reisen haben.

Übung: Körperreise

Legen Sie sich ausgestreckt auf eine geeignete Unterlage und decken Sie sich bei Bedarf gut zu. Die Beine liegen etwa hüftbreit auseinander, die Fußspitzen fallen locker nach außen. Die Arme liegen etwas abseits vom Körper. Die Handflächen sind nach oben gedreht. Das Becken ist so gekippt, dass sich der untere Rücken gut entspannen kann. Das Kinn ist ein wenig angezogen, der Nacken entspannt.

Beginnen Sie nun, den Körper durchzuspüren.

Sie spüren den rechten Fuß, ganz auf die Haut konzentriert ... spüren um den Knöchel herum ... den Unterschenkel ... um das Knie ... und um den ganzen Oberschenkel herum, immer auf die Haut konzentriert, als würde jemand sanft darüberstreichen. ... Sie spüren das ganze rechte Bein und den Fuß und lassen los mit dem Ausatmen ...

Spüren Sie nun den linken Fuß, ganz auf die Haut konzentriert ... *(und so weiter wie auf der rechten Seite)*

Sie spüren das Gesäß und lassen es schwer und entspannt in den Boden sinken, wie in warmen Sand gekuschelt ... spüren über die Bauchhaut ... spüren, wie sie sich hebt und senkt im Rhythmus des Atems ... Sie spüren das ganze Becken ... lassen es sinken mit dem Ausatmen ... entspannen noch ein wenig mehr ...

Sie spüren den Rücken hinauf bis zu den Schultern rechts und links, ganz auf die Haut konzentriert ... spüren die Brust ... den gesamten Oberkörper ... und lassen los mit dem Ausatmen ... lassen ihn noch ein wenig tiefer in den Boden schmelzen ...

Sie spüren um den rechten Oberarm herum, spüren die Haut, als würde jemand sanft darüberstreichen ... um den Ellenbogen herum ... und den Unterarm ... das Handgelenk ... um den rechten Daumen ... Zeigefinger ... Mittelfinger ... Ringfinger ... kleinen Finger ... über die Haut des Handrückens ... und in die Handfläche hinein ... Spüren Sie den ganzen rechten Arm und die Hand ... lassen los mit dem Ausatmen ... lassen ihn entspannt in den Boden sinken ...

Spüren Sie nun um den linken Oberarm herum. Spüren Sie die Haut, als würde jemand sanft darüberstreichen ... *(und so weiter wie auf der rechten Seite)*

Sie spüren den Nacken hinauf zum Hinterkopf ... um den Kopf herum zur Stirn ... die Stirn ist glatt, als hätte jemand sie glatt gestrichen ... Sie spüren die Augenlider rechts ... und links ... die Augen in ihren Höhlen rechts ... und links ... spüren über die Haut der Schläfen rechts ... und links ... spüren, wie die Wangen auseinanderfließen ... spüren die Ohren rechts ... und links ... die Nase ... Oberlippe ... Unterlippe ... Kinn ... Spüren Sie das ganze Gesicht und lassen Sie ein Lächeln entstehen ... Sie spüren nun das ganze Gesicht und den Hinterkopf zusammen ... und lassen den Kopf schwer werden und sinken, ganz entspannt ...

Spüren Sie nun noch einmal den ganzen Kopf ... Hals ... Schultern ... Arme ... Hände ... Oberkörper ... Becken ... Beine ... und Füße ... Sie spüren den ganzen Körper, ganz auf die Haut konzentriert ... Spüren den ganzen Körper ... lassen ihn sinken mit dem Ausatmen ... den ganzen Körper ... und entspannen noch ein wenig mehr. *(Längere Pause.)*

Bereiten Sie sich nun darauf vor, wieder aus der Entspannung zu kommen. Nehmen Sie einen tiefen Atemzug und bewegen Sie ganz leicht die Finger und die Zehen, die Hände und die Füße, die Arme und die Beine. Sie recken und strecken sich, rollen ein wenig hin und her und kommen schließlich über die Seite hoch zum Sitzen.

Wenn Sie nach einiger Zeit etwas Abwechslung brauchen, variieren Sie die Übung, indem Sie sich ganz auf die Berührungspunkte mit der Unterlage konzentrieren, wie auf Seite 94 beschrieben. Lassen Sie sich da hineinsinken. Lassen Sie los und kuscheln Sie sich in die liebevollen Arme der Göttin.

Sie können sich auch auf Körpergefühle wie Schwere oder Wärme konzentrieren oder Ihr Gewahrsein in das Innere des Körpers lenken, bis in die Knochen hinein.

Menschen, für die das Hören besonders wichtig ist, entspannen sich gut durch autogenes Training. Oder sie hören ganz einfach ihre Lieblingsmusik.

Wer visuell veranlagt ist, kann sich auch eine friedliche Szene vorstellen:

Übung: Waldsee

Stellen Sie sich vor, Sie säßen an einem Waldsee. Sie freuen sich am Anblick der Seerosen und schauen in das kristallklare Wasser, schauen bis auf den Grund. Sie sehen Wasserpflanzen und Schwärme von bunten Fischen. Majestätisch gleitet ein Schwan über den See, und Sie beobachten die sich ausbreitenden Wellen. Alles hier atmet Frieden. Sie sind ganz erfüllt davon.

Stellen Sie sich vor, Sie machten Urlaub am Meer. Sie haben sich im warmen Sand ausgestreckt und spüren die Wärme angenehm auf der Haut. Sie riechen das Salz des Meeres und hören die Brandung, einen Eisverkäufer, Kinderlachen. Sie genießen es, dass Sie jetzt gar nichts tun müssen. Sie liegen ganz einfach da und lassen sich von der Sonne verwöhnen.

Übung: Nachthimmel

Stellen Sie sich vor, Sie lägen in einer lauen Sommernacht auf dem Dach eines Hauses ganz entspannt auf einer Liege. Die Luft ist angenehm warm und erfüllt mit süßen Blütendüften. Über Ihnen wölbt sich der unendlich weite, samtige Nachthimmel mit Millionen von Sternen. Sie freuen sich an dem Funkeln und der Pracht in dieser unendlichen Weite des Himmels.

Vielleicht spüren Sie während der Entspannung ein feines Vibrieren oder Kribbeln, als würden Ihre Zellen summen. Das bedeutet: Sie sind sich der Lebensenergie bewusst geworden. Mehr darüber im nächsten Kapitel.

2. In der Lebensenergie

Alles ist Energie.

Sogar die Materie. Das besagt jedenfalls die einsteinsche Formel: $E = mc^2$ (Energie ist gleich Masse mal Lichtgeschwindigkeit zum Quadrat). Da die Lichtgeschwindigkeit ca. 300 000 Meter pro Sekunde beträgt, lässt sich ein bisschen Masse in sehr viel Energie transformieren, was tagtäglich in Kernkraftwerken geschieht.

Gedanken und Gefühle können wir ebenfalls als eine Form von Energie betrachten, und auch die Göttin verfügt über Energie – spirituelle Energie, durch die sie hier auf der Erde wirken kann.

Am leichtesten als Energie wahrzunehmen ist die Lebensenergie, also die feinstoffliche Energie des Körpers. Diese wurde in vielen Kulturen entdeckt und beschrieben. Ich erlebe sie seit vielen Jahren als eine Art elektrisches Vibrieren. Andere beschreiben sie als Gefühl von Wärme oder Strömen.

Wenn genug Energie ungehindert durch die feinstofflichen Bahnen fließt, dann bleibt der Körper stark und gesund. Wir können die Energie aber auch bewusst einsetzen, um uns mit der Göttin zu verbinden. Darum erleichtert es den Kontakt, wenn wir – wie im Folgenden beschrieben – Blockaden lösen und das Energie-Niveau erhöhen. Doch zuvor wollen wir unsere theoretischen Grundlagen noch etwas vertiefen.

Alte Lehren und neue Forschungen

In Indien wird diese Energie seit Tausenden von Jahren Prana genannt und in China Qi. Um sie zu kultivieren, wurden in Asien komplexe Beschreibungs- und Übungssysteme geschaffen. Dasselbe taten auch die Kahunas auf Hawaii. Sie nannten die Energie Mana und entwickelten einfachere, aber nicht minder kraftvolle Methoden.

Auch im Westen wurde die Lebensenergie beschrieben und erforscht, zum Beispiel von den Pythagoreern. Sie sprachen von einer vitalen Energie, die den Körper beeinflusst und Krankheiten heilen kann. Paracelsus nannte diese Energie „Illiaster", Mesmer untersuchte den „animalischen Magnetismus", und Carl-Friedrich von Reichenbach experimentierte dreißig Jahre lang mit der „odischen Kraft", um nur einige Pioniere auf diesem Gebiet zu nennen.

In den Dreißiger- bis Fünfzigerjahren des vorigen Jahrhunderts erforschte der Psychoanalytiker Dr. Wilhelm Reich diese Energie und nannte sie „Orgon". Er baute einen Akkumulator, um sie zu verstärken, und entdeckte verschiedene Wechselwirkungen des Orgons mit der physischen und psychischen Verfassung von Menschen, aber auch mit physikalischen Erscheinungen wie der Halbwertszeit von radioaktiven Isotopen.

Offenbar hat die menschliche Lebensenergie auch physikalisch messbare Komponenten. An renommierten wissenschaftlichen Instituten konnte daher unter anderem festgestellt werden, dass sich die Energie durch Methoden wie Yoga, Qi Gong oder Rolfing verstärken lässt. Außerdem fand man heraus, dass gleichgeartete Energien sich anziehen. Ein Grund mehr, sein Energiefeld zu pflegen: Ist es ausgeglichen und harmonisch, dann wird sich auch das Umfeld harmonisieren.

Da diese Energie für unsere Gesundheit so wichtig ist, wurden viele energetische Heilmethoden entwickelt. Wenn Sie eine solche kennen, dann kann ich Sie nur ermutigen, diese fleißig zu üben, sei es nun Chakren-Arbeit, stilles Qi Gong, Reiki oder dergleichen. Hauptsache, es tut Ihnen gut und Sie können Ihr tiefes Selbst dafür begeistern.

Das tiefe Selbst und die Lebensenergie

Tatsächlich ist es das tiefe Selbst, das diese Energie erzeugt.

Mit etwas Übung kann es sie direkt aus der Natur gewinnen, zum Beispiel aus Bäumen und Steinen, Sonne, Mond und Sternen sowie den vier Elementen.

Es kann aber auch physische Substanzen aufnehmen und in Lebensenergie umwandeln, wie etwa beim Essen und Trinken. Darum sollten wir besonders auf Qualität achten, denn gute Nahrung liefert gute Energie.

Wichtig ist dabei auch das Wie der Nahrungsaufnahme: Wenn Sie mit Ihrem bewussten Gewahrsein voll dabei sind, beteiligt sich das mittlere Selbst und kann die Energie höher transformieren. Noch mehr Kraft und Segen empfangen Sie, wenn Sie das hohe Selbst dazu einladen. Werden Sie sich seiner Gegenwart bewusst. Bitten Sie die Göttin, die Speisen und Getränke zu segnen, und danken Sie ihr für die Großzügigkeit, mit der sie Sie ernährt. Dann kann sogar ein Hamburger was Gutes sein, und das Glas Wasser wird zum Power-Drink.

Besonders wichtig für die Lebensenergie ist das Element Luft. Das ist verständlich, denn ohne zu atmen, könnten wir bestenfalls ein paar Minuten überleben. Von einigen Yogis heißt es allerdings, sie kämen mit weniger Atem aus. Man sagt, sie versetzten sich in eine Art Scheintod und ließen sich dann vergraben oder einmauern. Aber wer möchte schon sein Leben lang scheintot und vergraben sein?

Um zu leben, müssen wir also atmen. Und um gut zu leben, müssen wir gut atmen. Nicht umsonst gibt es so viele Atemübungen zur Pflege der Lebensenergie. Einige lösen Blockaden, andere erhöhen das Energieniveau, wieder andere bilden feinstoffliche Strukturen, durch die Energien besser aufgenommen, umgewandelt und abgegeben werden können.

Hier im Westen ist das yogische Energiesystem der Chakren am bekanntesten. Ähnliche Lehren und Übungen gab oder gibt es aber auch in der Kabbala und im Schamanismus, im alten China und im tibetischen Buddhismus. Sogar die christlichen Sakramente lassen sich auf die Chakren beziehen. In Kapitel V-2 werden wir noch darüber sprechen, wie wir unser Energiesystem auf dem Göttinnen-Weg entwickeln können.

An dieser Stelle geht es zuerst einmal darum, sich auf die Göttin vorzubereiten, indem Sie Ihr Energiesystem reinigen. Dabei lösen Sie energetische Knoten und Blockaden, die ihr segensreiches Wirken behindern könnten.

Reinigen und lösen

Wenn Sie Ihr Energiesystem harmonisieren möchten, empfiehlt es sich, zuerst einmal wieder zur natürlichen Bauchatmung zurückzukehren. Die ist so einfach, dass jedes Baby sie beherrscht. Nur wir Erwachsene vergessen manchmal, wie man gesund und natürlich atmet.

Hierzu können Sie einmal die Hände auf den Unterbauch legen. Wenn er beim Einatmen herauskommt und beim Ausatmen wieder flacher wird, dann machen Sie alles richtig, und Sie nutzen Ihr Zwerchfell, das die Göttin eigens fürs Atmen geschaffen hat.

Wie eine Kuppel wölbt es sich zwischen Bauch- und Brustraum. Beim Einatmen spannt sich das Zwerchfell an, das heißt, es wird flacher und bewegt sich nach unten, sodass sich die Lunge mit Luft füllen kann. Beim Ausatmen entspannt es sich. Dabei wölbt es sich wieder nach oben und die Lunge leert sich. Ganz nebenbei werden dabei auch die Bauchorgane massiert und gut durchblutet, was ihnen bestens bekommt.

Wenn Sie gelernt haben, wieder in der natürlichen Bauchatmung zu atmen, können Sie eventuelle Energieblockaden lösen. Die folgende Übung wirkt besonders stark, wenn alle drei Selbste gut zusammenarbeiten: Das tiefe Selbst kümmert sich um die Lebensenergie, das mittlere bleibt dabei mit seiner wachen und bewussten Aufmerksamkeit, und beide öffnen sich für die Segen spendende Gegenwart des hohen Selbst in Gestalt der Göttin.

Übung: Reinigen und lösen

Machen Sie die Körperreise *(siehe Seite 56)* und achten Sie darauf, ob sich ein Bereich hart, dunkel oder gespannt anfühlt.

Wenn ja, dann bleiben Sie dort mit einer freundlichen wohlwollenden Aufmerksamkeit. Gehen Sie zur tiefen, natürlichen Bauchatmung über und betonen Sie dabei das Ausatmen. Das heißt, Sie atmen länger aus als ein und machen nach dem Ausatmen eine Pause. Dabei stellen Sie sich vor, Sie würden durch den gespannten Bereich hindurch ausatmen, und in der Pause danach lassen Sie los. Lassen Sie das Harte, Gespannte in die Erde fließen. Übergeben Sie es der Göttin als Humus, damit sie etwas Neues, Schönes daraus machen kann.

Vielleicht spüren Sie nach einiger Zeit, wie der Bereich mit jedem Ausatmen weicher oder weiter wird.

Wenn Sie sich an die grundlegenden Phasen des Werdens und Vergehens erinnern, sehen Sie: Wir betonen hier die Phase des Winters und der Nacht. Nach dem Ausatmen kommt alles zur Ruhe. Alles löst sich auf, um wieder neugeboren zu werden. Daher betonen wir das Einatmen, wenn wir uns wieder neu aufbauen wollen.

Das Energie-Niveau erhöhen

Damit die gelöste Blockade sich nicht wieder aufbaut, wollen wir nun das Energieniveau sanft anheben und uns mit gesunder Lebensenergie füllen. Vielleicht möchten Sie aber auch allgemein mehr Energie haben, um gesünder zu werden, sich besser mit der Göttin verbinden oder mehr für sie tun zu können.

Ein deutliches Plus an Lebensenergie erhalten Sie durch eine gesunde Lebensweise. Gegebenenfalls möchten Sie auch einige energiefressende Gewohnheiten ablegen. Hierzu zählen zum Beispiel zu viel essen, zu viel reden oder zu viel fernsehen. So können Sie nach jeder Tätigkeit einmal nachspüren, wie Sie sich fühlen: froh, stark und zufrieden oder ausgelaugt, müde und übellaunig. Dann können Sie mit der Zeit die energiezehrenden durch die energieaufbauenden Tätigkeiten ersetzen.

Doch auch um Gewohnheiten zu verändern, braucht es einen Überschuss an Lebensenergie, den wir aus dem Atem schöpfen können. Wir hatten ja gesehen, dass das Element Luft mit der Frühlingskraft verbunden ist. Wenn wir also Schwung für einen neuen Anfang brauchen, dann kann es nicht schaden, eine entsprechende Atemübung zu lernen. Darum möchte ich Ihnen das Atmen mit Reibelaut empfehlen, eine sanfte und zugleich effektive Methode, das Energieniveau zu erhöhen.

Seit ich im Alter von achtzehn Jahren die ersten Energiewahrnehmungen hatte, habe ich die verschiedensten Methoden kennengelernt: Visualisierungen, Mantrensingen, Körperübungen und heftige Atemübungen wie Kompressions- und Feueratmung, zum Teil mit langen Atemverhaltungen. Nichts davon war bei mir so wirksam wie das Singen von Vokalen, das wir später noch üben werden, und das Atmen mit Reibelaut, jeweils verbunden mit der Konzentration auf den zu belebenden Bereich. Sollten Sie mit anderen Methoden bessere Erfahrungen haben, dann üben Sie die. Vor allem Männer brauchen offenbar härtere Methoden, damit sie überhaupt was spüren.

Grundlage für die Atmung mit Reibelaut – Yoginis und Yogis kennen sie als Ujjayi-Atmung – ist die natürliche Bauchatmung durch die Nase. Allerdings verengen Sie dabei den Atemweg ganz hinten unten im Rachen und erzeugen im Bereich der Kehle einen Laut. Das hört sich an wie ein Windhauch oder ein leises Rauschen und klingt ungefähr gleich beim Ein- und beim Ausatmen. Dabei summen Sie nicht und brummen nicht, Sie stöhnen nicht und schnarchen nicht. Der Laut erklingt ohne Anstrengung in einer möglichst tiefen Tonlage. Wenn Sie einen Finger auf die Kehle legen und ein Vibrieren spüren, dann machen Sie es richtig.

Wie bei der ersten Atemübung sollten auch hier alle drei Selbste zusammenwirken. Diesmal üben wir allerdings besser im Sitzen. Dann weiß das tiefe Selbst: Aha, ich soll wach sein, aufrecht und stark. Wenn Sie sich allerdings erschöpft fühlen, können Sie sich auch hinlegen. Doch wie bei allen Energieübungen ist auch hier die gerade Wirbelsäule sehr wichtig.

Bitte beenden Sie die Übung, wenn Sie sich dabei unwohl fühlen und Sie etwa einen heißen Kopf bekommen oder starkes Herzklopfen.

Übung: Energie tanken

Kommen Sie in die beschriebene aufrechte und entspannte Sitzhaltung *(siehe Seite 50)* auf einem Stuhl, einem Kissen oder Bänkchen und gehen Sie zu einer tiefen, natürlichen Bauchatmung mit Reibelaut über. Dabei betonen Sie das Einatmen: Sie atmen länger ein als aus und machen eine Pause nach dem Einatmen.

Bleiben Sie da mit einer freundlichen, wohlwollenden Aufmerksamkeit. Folgen Sie beim Einatmen dem Strom der Lebensenergie von der Nase bis in den Bauchraum. In der Pause danach absorbieren Sie die Energie und mit dem Ausatmen lassen Sie sie dorthin strömen, wo sie gebraucht wird. Das kann ein Bereich sein, der blockiert war oder sich taub, steif oder dumpf anfühlt. Wenn Sie allgemein Energie tanken möchten, dann verströmen Sie sie im ganzen Körper.

Machen Sie sich keine Gedanken darüber, wie Sie das machen sollen. Das tiefe Selbst weiß Bescheid. Bitten Sie es um seine Mitarbeit und bleiben Sie mit Ihrer freundlichen, wohlwollenden Aufmerksamkeit beim Atem.

Seien Sie sich dabei auch der Gegenwart der Göttin bewusst. Spüren Sie, wie sie Ihnen Leben einhaucht. Danken Sie ihr für die Kraft, die sie Ihnen schenkt.

Vielleicht spüren Sie nach einiger Zeit ein Kribbeln, Vibrieren oder ein Gefühl frischer Lebendigkeit in dem bearbeiteten Bereich oder im ganzen Körper.

Wenn die Lebensenergie stark und störungsfrei fließt, wirkt sich das nicht nur positiv auf den Körper aus, sondern auch auf Gefühle und Gedanken, denn die Energie ist das Bindeglied zwischen Körper und Geist. Wie Sie nun auch den Geist für die Begegnung mit der Göttin vorbereiten können, erfahren Sie im nächsten Kapitel.

3. In Gefühlen und Gedanken

Die Göttin ist immer da. Sie ist in uns und um uns herum. Nie verweigert sie sich, und es gibt keinen Ort, wo sie nicht wäre. Selbst in der Hölle ist sie da.

Leider sind wir Menschen große Meister/innen darin, uns eine solche zu schaffen. Gemeint sind Gefühle und Gedanken, die uns von der Liebe der Göttin trennen.

Gefühle

Manchmal verweigert das tiefe, unbewusste Selbst den Kontakt zur Göttin. Ängste, Zweifel oder Groll, Schuldgefühle oder Unwissenheit können der Grund sein. Hier ist das mittlere Selbst gefragt. Es kann die Aufmerksamkeit neu ausrichten und das tiefe Selbst für das Göttliche begeistern. Auch die grundlegenden Heilübungen für Gefühle (siehe Kapitel IV-5) können den Weg zur Göttin wieder frei machen.

Zur Vorbereitung wollen wir nun mehr Ruhe ins Gefühlsleben bringen, damit wir die Gegenwart der Göttin leichter wahrnehmen können. Erst wenn die Wogen geglättet sind, kann das Wasser klar werden. Dann schauen wir bis auf den Grund unseres Wesens und entdecken unsere göttliche Natur. Hierzu fehlt oft nur – ein Lächeln.

Übung: Das innere Lächeln

Kommen Sie in die bereits beschriebene aufrechte und entspannte Sitzhaltung *(siehe Seite 50)*.

Denken Sie nun an etwas Schönes. Denken Sie an etwas, das Sie zum Lächeln bringt. Etwas, das Sie gern sehen oder hören oder tun. Etwas, an dem Sie Freude haben. Etwas, für das Sie dankbar sind in Ihrem Leben …

Wenn Ihnen gerade nichts einfällt, dann denken Sie daran, dass die Göttin mit Ihnen ist. Oder Sie ziehen ganz einfach die Mundwinkel hoch und beobachten, wie sich das auf Ihre Stimmung auswirkt …

Erlauben Sie, dass das Lächeln in Ihre Augen hinaufsteigt, bis sie von innen heraus strahlen …

Lächeln Sie nun in Ihr Herz hinein. Bleiben Sie ganz einfach in der Stimmung der Heiterkeit und des Wohlwollens, und lassen Sie Ihr Gewahrsein in den Raum des Herzens sinken. Lassen Sie es weit werden und leicht. Spüren Sie die Liebe der Göttin in Ihrem Herzen …

Lächeln Sie nun ins Innere Ihres Beckens hinein. Bleiben Sie ganz einfach in der Stimmung der Heiterkeit und des Wohlwollens und lassen Sie Ihr Gewahrsein sinken. Freuen Sie sich an Ihrer persönlichen Kraft – ein Geschenk der Göttin, das Ihnen hilft, zu sich zu stehen und Ihren Weg zu gehen …

Nehmen Sie das innere Lächeln mit in Ihren Alltag.

Wird die Göttin in Ihrem Innern wach, dann werden Sie oft von ganz allein stillzufrieden in sich hineinlächeln. Und wenn sie gerade schläft, können Sie sie durch ein Lächeln wecken, durch gute Gedanken oder indem Sie einfach still und offen für sie sind in der Meditation.

Gedanken

Wenn sich Ihre Gefühle beruhigen, wird es auch in Ihrem Kopf stiller werden. Dann können Sie die Stimme der Göttin besser hören und sind offener für ihre Weisheit und Inspiration.

Diese können Sie auch durch Lesen empfangen. Zum Beispiel gehört es im Yoga nach Patanjali zu den Grundtugenden, spirituelle Literatur zu lesen, und im Christentum wird eifrig die Bibel studiert. Dadurch wird das Denken auf das Göttliche ausgerichtet.

Doch wenn wir es erleben wollen, müssen die menschlichen Gedanken irgendwann einmal schweigen. Das schmälert keineswegs ihren Wert. Wir brauchen das logische Denken des mittleren Selbst, wenn wir unserem Leben eine heilsame Richtung geben wollen. Ja, wir brauchen sogar das automatische Denken des tiefen Selbst. Sonst könnten wir keine heilsamen Gewohnheiten bilden. Im Übrigen müssen wir zuerst lernen bewusst zu denken, ehe wir bewusst nicht-denken können. Für uns Menschen führt der Weg nicht zurück in die unbewusste All-Einheit. Wir können nur vorwärtsschreiten. Wir können uns nur weiterentwickeln zu fühlenden Wesen, die sich ihrer selbst in ihrer Göttlichkeit bewusst geworden sind. Dies beginnt im inneren Schweigen. Kurzum: Auch auf dem Göttinnen-Weg kommen Sie nicht an der stillen Meditation vorbei.

Allerdings meditieren wir hier nicht so beinhart wie zum Beispiel im japanischen Zen, für den sich auffallend viele Männer begeistern. Das mag daran liegen, dass die meisten Männer eine harte Schale haben. Die muss tüchtig bearbeitet werden, wenn sie den weichen Kern erreichen wollen. Bei Frauen ist es eher umgekehrt: Sie sind außen weich und nachgiebig und scheuen sich nicht, ihre Schwächen zu zeigen. Innen aber ist ein harter Kern. Wenn sie den finden, wenn sie einmal wirklich wissen, was sie wollen, dann sind sie durch nichts zu bremsen. Und sie gelangen leicht in die innerste Mitte, denn ihre Schale ist weich.

Als Frauen meditieren wir also sanft und sind freundlich zu uns. Wir sitzen möglichst gerade, damit wir wach bleiben und die Körperenergien richtig fließen können. Dabei dürfen wir es uns aber auch bequem machen, denn wir wollen ja entspannt bleiben. Bei Bedarf setzen wir uns also auf einen Stuhl oder ein Bänkchen. Wenn wir auf dem Boden sitzen, können wir den Reitersitz wählen, oder wir nehmen so viele Kissen wie nötig, damit wir auch mit gekreuzten Beinen aufrecht und entspannt sitzen können.

Wenn wir uns dabei ertappen, dass wir uns wieder einmal in Gedanken verloren haben, dann schimpfen wir nicht mit uns. Schließlich liegt es in der Natur des Geistes, vor sich hin zu rattern. Freuen wir uns ganz einfach, dass wir uns auf diese Weise besser kennenlernen konnten. Außerdem können wir uns beglückwünschen, dass wir es gemerkt haben, und dann – kehren wir zur Übung zurück.

Wenn die Meditation im vorigen Teil (siehe Seite 50) bei Ihnen gut funktioniert, dann bleiben Sie dabei. Sie können aber auch die folgende Übung ausprobieren.

Dazu wählen Sie ein Konzentrationsobjekt, das Sie in die Gegenwart bringt. Das kann etwas Körperliches sein – etwa der Atem oder ein Körperbereich, aber auch etwas Akustisches ist möglich – Musik oder ein Satz, den Sie still für sich wiederholen und dabei die Pausen immer größer werden lassen. Oder Sie visualisieren ein Bild. Hauptsache, das Konzentrationsobjekt bringt Sie ins Hier und Jetzt, denn nur dort können Sie der Göttin begegnen.

Ja, so einfach ist das. Still sein, wach sein, entspannt sein und das Gewahrsein in der Gegenwart verankern. Dann kann das Göttliche Sie erreichen. Dazu müssen Sie nichts tun. Sie brauchen es nur geschehen zu lassen.

Meiner Erfahrung nach geschieht es auch, wenn wir uns – ohne jeden spirituellen Hintergrund – für den Augenblick öffnen. Irgendwann wird etwas unendlich Feines und Kostbares uns berühren. Das können wir dann Dao nennen oder Buddha-Natur, Atman, Christusgeist oder universelle Quelle von Liebe und Mitgefühl. Wir können aber auch ganz einfach schweigen und – weiter meditieren.

Übung: Stille Meditation

Kommen Sie in eine aufrechte und entspannte Sitzhaltung und richten Sie die Aufmerksamkeit auf das gewählte Konzentrationsobjekt.

Wenn Gedanken kommen, schauen Sie sie freundlich an, ohne sich gegen sie zu wehren oder sie weiterzuspinnen.

Lassen Sie sie einfach vorüberziehen und kehren Sie zu Ihrem Konzentrationsobjekt zurück. Erlauben Sie sich, in der Stille darin zu ruhen. Seien Sie offen für das, was jetzt ist.

Inzwischen haben Sie vielleicht erfahren, wie viel leichter es doch ist, sich der Gegenwart der Göttin bewusst zu werden, wenn die Gedanken stille sind. Doch Sie können die Stute auch umgekehrt aufzäumen. Dann verbinden Sie sich zuerst mit der Göttin und stellen erfreut fest: Das stillt das Gemüt ganz ungemein. Darum wollen wir ihr nun im heiligen Raum begegnen.

III Begegnen Sie der Göttin

In Kapitel I-4 hatten wir gesehen, wie wichtig das tiefe Selbst ist. Nur mit seiner Hilfe können wir uns mit der Göttin verbinden.

Das geschieht umso leichter, je liebevoller wir mit dem tiefen Selbst umgehen und je besser wir seine Sprache sprechen und verstehen – jene Bilder und Symbole, die das Herz berühren. Auch für symbolische Handlungen lässt sich das tiefe Selbst leicht begeistern.

Auf dem Göttinnen-Weg können Sie nun einen heiligen Raum öffnen und die Göttin darin einladen. Hier dürfen Sie mit ihr das Leben feiern. Sie können sie auch bitten, durch ein Orakel zu sprechen oder Ihnen eine Vision für Ihr Leben zu schenken.

1. Im heiligen Raum

Immer schon schufen Menschen heilige Räume, in denen sie dem Göttlichen begegnet sind. Davon zeugen die vielen Tempel und Moscheen, Kirchen und Kathedralen.

Leider sind sie meist eckig, eine eher männliche Form. Zur Verehrung der Göttin passt besser was Rundes, vielleicht eine Höhle oder ein Steinkreis wie in Stonehenge, ein indianisches Tipi oder ein rund angelegter Eichenhain.

Oder wir ziehen einfach einen Kreis und spannen ihn dann zum heiligen Raum auf. In diesen können wir die Kräfte der Himmelsrichtungen einladen, der Göttin begegnen und ein Freudenmahl feiern.

Der Schutzkreis

Am besten planen Sie Ihr erstes Treffen mit der Göttin für einen Tag, an dem Sie Zeit und Muße haben. Vielleicht wollen Sie in die Natur gehen oder Sie wählen einen Raum, in dem Sie sich wohl- und geborgen fühlen. Hauptsache, Sie sind ungestört und finden eine Möglichkeit, die Himmelsrichtungen zu bestimmen, entweder durch den Sonnenstand, einen Kompass oder eine Straßenkarte.

Vielleicht möchten Sie den Ort der Begegnung vorher schmücken: Sie können Blumen und Kerzen aufstellen oder auch ein Bild, das für Sie die Göttin darstellt. Stellen Sie auch etwas zu trinken und zu essen bereit, zum Beispiel Früchte, Nüsse oder eine andere Leckerei, die Sie von der Göttin segnen lassen und dann mit Genuss verspeisen können.

Wenn Sie mögen, können Sie sie auch in den Elementen ehren, indem Sie entsprechende Gegenstände oder Materialien sammeln. Vielleicht haben Sie beim Gang durch die Natur ja etwas Schönes gefunden: einen Stein für die Erde, eine Feder für die Luft. Oder Sie haben ein Glas Wasser aus Ihrem Lieblingsbach geschöpft oder Sie möchten den Süden mit einer gelben Kerze ehren.

Wenn Sie einen besonderen Bezug zum Mond haben, können Sie Bilder seiner einzelnen Phasen bereitlegen und den Himmelsrichtungen zuordnen. Wenn dagegen die Lebensphasen – Kind, Mutter, weise Alte – Sie besonders ansprechen, dann suchen Sie dafür die entsprechenden Bilder oder Symbole.

Sie haben sich ja nun schon ein wenig mit Ihrem tiefen Selbst angefreundet. Fragen Sie es einfach, was es gerne mag. Ein Gefühl freudiger Erwartung zeigt Ihnen, dass es sich angesprochen fühlt. Vielleicht hätte es auch gern einen „Zauberstab", um den Kreis zu ziehen. Dann können Sie Ihren Lieblingsbaum fragen, ob er Ihnen einen spendiert.

Nachdem Sie alles bereitgelegt und den Ort gut vorbereitet haben, sollten Sie das auch mit Ihrem Körper-Geist machen. Vielleicht möchten Sie duschen oder baden. Dabei können Sie sich vorstellen, dass Sie sich von allem reinigen, was Sie von der Göttin trennt. Sie können aber auch eine der im letzten Teil beschriebenen Übungen machen, um sich in einen harmonischen und entspannten Zustand zu bringen. Das ist schon deshalb ratsam, weil wir die Energie hoch laden werden. Außerdem bringt uns das der Göttin näher.

Selbstverständlich ist sie immer da. Doch können wir sie leichter spüren, wenn wir uns wohl- und geborgen fühlen, zum Beispiel in einer heiligen Sphäre von Licht. Diese beginnen wir nun aufzubauen, indem wir den Schutzkreis ziehen.

Rechtshänder ziehen ihn mit der rechten Hand, eventuell verlängert durch einen „Zauberstab". Linkshänder benutzen die Linke. Wir nehmen also die jeweils aktive Hand, weil aus ihr die feinstoffliche Energie leichter austritt. Dabei drehen wir uns im Uhrzeigersinn. Wir folgen also dem Lauf der Sonne, wenn wir den Kreis aufbauen. (Auf der Südhalbkugel würde man sich zu dem Zweck andersherum drehen.)

Übung: Den Schutzkreis ziehen

Sie stehen aufrecht und entspannt, die Füße etwa hüftbreit auseinander und gleichmäßig belastet. Die Knie sind locker. Das Becken ist aufrecht, weder nach vorn noch nach hinten gekippt. Die Schultern sinken nach unten und hinten. Das Kinn ist Richtung Hals gezogen, der Nacken lang. Der Kopf schwebt leicht über den Schultern, als würde er vom höchsten Punkt aus gehalten werden.

Erhöhen Sie nun Ihr Energieniveau, indem Sie mit dem Reibelaut atmen *(siehe Seite 65)*. Sie können zu dem Zweck auch summen. Machen Sie das so lange, bis Sie sich energetisiert und aufgeladen fühlen.

Lassen Sie Ihre Energie in Ihre aktive Hand fließen und zeigen Sie mit dem Zeigefinger – oder Ihrem „Zauberstab" – in Richtung Osten. Drehen Sie sich nun im Uhrzeigersinn einmal ganz um sich selbst und stellen Sie sich vor, Sie würden einen Lichtkreis malen.

Dabei können Sie die folgenden Worte sprechen:

„Ich ziehe diesen Kreis.
Nur Gutes kommt herein.
Nur was mich heilt und nährt,
mir Lieb und Freud beschert."

Nun können Sie die Elemente rufen.

Hierzu schauen Sie zuerst nach Osten und sagen: „Göttin des Frühlings und der brausenden Winde, der zarten Morgenröte und des Neuanfangs, sei mir willkommen." Dabei machen Sie eine Geste der Ehrerbietung. Sie können zum Beispiel den Kopf neigen, ein Pentagramm in die Luft malen oder die Handflächen aneinanderlegen und sich verbeugen. Wenn Sie für den Osten, die Luft, den Frühling etc. etwas Schönes haben, dann legen Sie es jetzt an die östliche Stelle Ihres Kreises.

Danach schauen Sie nach Süden und sagen: „Göttin des Sommers und der brütenden Hitze, der reifenden Felder und der Leidenschaft, sei mir willkommen." Hierzu wieder die entsprechende Geste und eventuell etwas Passendes.

Den Westen grüßen Sie mit: „Göttin des Herbstes und der bunten Farben, der dampfenden Nebel und der Weisheit des Wassers, sei mir willkommen." Grüßen Sie und legen Sie gegebenenfalls etwas Geeignetes in den Westen Ihres Kreises.

Richtung Norden sagen Sie: „Göttin des Winters und der harten Erde, der frostklirrenden Nächte und des tiefen Friedens, sei mir willkommen." Wieder mit Gruß und eventuell einem passenden Gegenstand.

Selbstverständlich können Sie die Elemente auch mit Ihren eigenen Worten grüßen. Sprechen Sie dabei über Ihre persönlichen Erfahrungen mit den Tages- und Jahreszeiten, den Mond- und den Lebensphasen. Holen Sie sie vor Ihr geistiges Auge oder stellen Sie sie dar, indem Sie zum Beispiel heulen wie der Wind oder glucksen wie das Wasser. Vielleicht kennen Sie auch ein passendes Lied oder einen geeigneten Tanz. Das macht das Ritual noch eindrucksvoller.

Noch mehr Kraft gewinnt es, wenn Sie es in Gemeinschaft feiern. Vielleicht können Sie eine größere Gruppe um ein Lagerfeuer versammeln. Fragen Sie, wer den Kreis ziehen und wer welches Element einladen und preisen will – ein wunderbarer Auftakt zu einem berauschenden Göttinnen-Fest (mehr dazu in Kapitel IV-9).

Der heilige Raum

Nachdem wir den Schutzkreis gezogen und die Göttin in allen Himmelsrichtungen gegrüßt haben, spannen wir die Kugel auf und schaffen einen Raum des Lichtes und der Kraft.

Übung: Den heiligen Raum öffnen

Sie stehen oder sitzen aufrecht und entspannt und spüren in Ihr Becken hinein. Spüren Sie die Atembewegung dort ...

Lassen Sie Ihr Gewahrsein nun tiefer sinken. Spüren Sie in den Dammbereich bzw. Ihre Füße hinein. Spüren Sie Ihre Verbindung zur Erde und stellen Sie sich vor, es würden Ihnen Wurzeln wachsen. Tiefer und tiefer hinein in die Erde ...

Senken Sie Ihre Aufmerksamkeit noch tiefer ab. Spüren Sie tief in die Erde hinein. Spüren Sie durch fette, fruchtbare Erdschichten hindurch. Tiefer, immer tiefer hinab. Durch unterirdische Seen und Felsengestein. Und immer noch tiefer senken Sie Ihre Wurzeln bis in das warme Herz von Mutter Erde, die Sie trägt und nährt. Sie ist immer da mit ihrem Trost und ihrer Wärme, immer bereit, Ihnen Kraft zu schenken ...

Erlauben Sie nun, dass diese Kraft nach oben sprudelt und Ihren Körper neu belebt. Lassen Sie sich durchströmen von der Kraft der Mutter Erde ...

Ziehen Sie nun die Energie nach oben bis zur Krone Ihres Kopfes. Spüren Sie Ihre Verbindung zum Himmel und stellen Sie sich vor, es würden Ihnen Zweige wachsen. Höher und höher hinauf in die unendliche Weite des Himmels ...

Dehnen Sie Ihr Gewahrsein noch weiter aus, strecken Sie sich noch höher in den Himmel hinein und erlauben Sie dann, dass die Himmelsenergie auf Sie herabströmt als ein Regen des Segens. Spüren Sie, wie sie durch und über Ihren Körper strömt und in einem weiten Bogen um ihn herum ...

Verbinden Sie die Übung nun mit dem Atem: Einatmend ziehen Sie die Erdkraft durch Ihren Körper hoch und dehnen Ihr Gewahrsein noch oben hin aus, den Himmel berührend. Ausatmend lassen Sie die Himmelsenergie auf sich herabregnen, durch und über den Körper und in einem weiten Bogen um ihn herum. Wenn Sie im Stehen üben, können Sie dazu die Kreisatmung aus der Zen-Gymnastik machen. Hierzu legen Sie die Hände aneinander. Einatmend heben Sie sie vor den Körper bis über den Kopf, den Himmel berührend. Ausatmend öffnen Sie sie und lassen sie in einem weiten Bogen sinken, die Handflächen nach außen gedreht.

Wenn Sie hierbei keine Energie spüren bzw. kein Licht vor Ihrem inneren Auge sehen, dann ist das auch in Ordnung. Lassen Sie einfach das Gewahrsein wandern und machen Sie die Übung so lange, bis Sie sich geborgen fühlen wie in einer wunderbar leuchtenden Lichtkugel.

Sie können sich das Licht golden oder silbern vorstellen, rosa oder reinweiß, lindgrün oder andersfarbig, wenn es nur strahlend hell und klar ist. Wenn Sie möchten, können Sie Ihren Lichtraum auch schmücken, zum Beispiel mit Blümchen oder Herzen, Smileys oder Sternenglitzer. Hauptsache, Sie fühlen sich wohl darin. So wohl, dass Sie die Nähe der Göttin spüren.

Der Göttin begegnen

Nachdem die Göttin bisher immer eine „Sie" für uns war, wird sie nun endlich zum „Du", und wir können eine Beziehung zu ihr aufbauen.

Da wir Menschen sind, dürfen wir sie durchaus wie eine menschliche Beziehung gestalten. Die Göttin kann das verstehen, ja, sie liebt uns sogar dafür. Schließlich hat sie uns als Menschen geschaffen. Im Übrigen ist es ja gerade der menschliche Teil, der sich nun an den innewohnenden göttlichen wendet. Und damit das tiefe Selbst auch mitspielt, zelebrieren wir nun den „Besuch der Göttin". Hierzu haben wir den Raum schön hergerichtet und etwas zu essen und zu trinken bereitgestellt. Nun warten wir auf sie in einer heiteren und aufgeräumten Stimmung.

Übung: Die erste Begegnung mit der Göttin

Rufen Sie die Göttin an, zum Beispiel mit folgenden Worten:

„Liebste Göttin, sei mir willkommen. In der Nacht sehe ich deine Augensterne am Himmel blitzen und am Tage wärmt deine Sonne mich. Du bist immer da. Und doch sehne ich mich nach dir. Lass mich nun deine Gegenwart spüren. Lass mich wissen, dass ich in deiner Liebe bin." *(Gehen Sie für einige Augenblicke in die innere Stille.)*

Nun können Sie der Göttin etwas Nettes sagen. Damen mögen Komplimente! Außerdem hilft Ihnen das, ihre Qualitäten zu erkennen und sie schließlich selbst zu leben.

Wenn eine bestimmte Göttinnen-Gestalt Sie besonders anspricht, dann können Sie sich daran orientieren. Zum Beispiel können Sie Brigid dafür loben, dass sie die Dichter und Sänger inspiriert. Sie können Demeter danken, dass sie ihre Tochter nie verloren gab. Oder Sie preisen Tara, die ein so großes Herz für Frauen hat und die Wesen so unermüdlich zur Befreiung führt. Vielleicht gibt es aber auch eine andere Göttin, die Ihr Herz zum Singen bringt. Betrachten Sie ihr

Bild, loben Sie ihre Qualitäten, sodass diese auch in Ihnen wachsen und reifen können.

Natürlich spricht auch nichts dagegen, die Göttin als den weiblichen Aspekt Ihres persönlichen hohen Selbst anzusprechen:

„Liebste Göttin, ich weiß, dass du immer da bist für mich. Auch wenn alle mich verlassen, bist du da mit deiner Liebe und deiner unerschütterlichen Treue. Du interessierst dich für mich wie niemand sonst, und wenn ich Kummer habe, kann ich immer zu dir kommen und dir mein Herz ausschütten.

Leider habe ich dich bisher zu wenig beachtet. Ich habe dir meine Liebe, meinen Dank und meine Freude nicht gezeigt. Und ich habe immer gedacht, ich müsste ganz allein mit allem fertig werden.

Das soll nun anders werden. Von jetzt an möchte ich dir mehr Raum geben und dich als lebendige Kraft in mein Leben einladen. Ich möchte dir danken für den Segen, den du über mich ausgießt. Ich möchte dich um Rat und Hilfe bitten, wenn ich nicht mehr weiterweiß. Und ich möchte dir helfen, hier auf der Erde zu wirken. Ich weiß: Dazu bin ich geschaffen und das ist mein höchstes Glück.“

Werden Sie innerlich still und spüren Sie in Ihr Herz hinein mit einer freundlichen, lächelnden Aufmerksamkeit. Tiefer und tiefer und immer noch tiefer. Ein seltsames Gefühl. Als täten sich innere Räume auf. Und das Innere der inneren Räume. Und deren Inneres. Und immer noch tiefer geht es hinein. Bis Sie irgendwo ankommen. Was ist das nur? Eine stille Präsenz. Etwas Heiliges, unendlich Kostbares. Das Gefühl, angenommen zu sein in bedingungsloser Liebe.

Vielleicht sehen Sie auch ein Licht in Ihrem Innern, überirdisch schön. Es erleuchtet, durchleuchtet alles und lässt es in einem zauberhaften Glanz erstrahlen.

Oder Sie hören einen Klang, eine himmlische Melodie oder die sanfte Stimme der Göttin, die Ihnen Trost spendet oder Sie ermutigt, Ihnen ihre Liebe oder ihren Respekt ausspricht.

Und wenn gar nichts passiert?

Dann ist das auch in Ordnung. Sie haben die Göttin eingeladen, sich zu zeigen. Das genügt. Irgendwann werden Sie ihr begegnen und wissen ... dass sie immer da gewesen ist. Auch im Schweigen und in der Dunkelheit.

Wenn Sie allmählich zum Ende des Rituals kommen möchten, können Sie die Göttin bitten, die Speisen und Getränke zu segnen.

Hierzu können Sie sagen:

„Liebste Göttin, ich danke dir für diese/s ... *(nennen Sie, was Sie bereitgelegt haben)*. Danke, dass du damit meinen Körper nährst und meine Sinne erfreust. Nun bitte ich dich: Segne diese Speisen und Getränke, auf dass ich wissen, spüren, schmecken möge, dass du dich mir darin schenkst."

Werden Sie innerlich still und spüren Sie den Segen und die Gegenwart der Göttin.

Nun lassen Sie es sich gut schmecken. Genießen Sie jeden Schluck und jeden Bissen. Damit ehren Sie das köstliche Geschenk der Göttin.

Zuletzt schließen Sie den heiligen Raum wieder, und zwar in umgekehrter Reihenfolge.

Übung: Den heiligen Raum schließen

Verabschieden Sie sich zuerst von der Göttin:

„Liebste Göttin, danke für die gute Zeit mit dir. Unsere Begegnung geht nun zu Ende. Doch damit gehst du nicht von mir. In meinem Herzen bist du immer da, bist mir immer nah mit deiner unerschütterlichen Liebe. Dafür sage ich dir Dank und bitte dich: Lass mich deine Gegenwart immer öfter spüren. Lass mich in deiner Liebe leben."

Nach einigen Augenblicken der Stille verabschieden Sie die Elemente. Dazu können Sie eine entsprechende Geste machen und die ausgelegten Gegenstände wieder einsammeln.

Dem Norden können Sie sagen: „Göttin des Winters und der Erde, ich danke dir für den Frieden und das feste Fundament, auf dem ich sicher stehe. Danke und leb wohl."

Gen Westen können Sie sprechen: „Göttin des Herbstes und des Wassers, ich danke dir für deine Weisheit und tiefe Gefühle. Danke und leb wohl."

Zum Süden: „Göttin des Sommers und des Feuers, ich danke dir für deine Leidenschaft, mit der du alles reifen lässt. Danke und leb wohl."

Zuletzt schauen Sie Richtung Osten und sagen: „Göttin des Frühlings und der Luft, ich danke dir für den Atem, den du mir schenkst. Danke und leb wohl."

Zuletzt lösen Sie den Kreis auf, indem Sie ihn gegen den Uhrzeigersinn in die Luft zeichnen, beginnend im Norden.

Dabei können Sie sprechen:

„Ich öffne diesen Kreis
und sage Dank und Preis
für all das Gute, Schöne,
das mir hier begegnet.
Nun geh ich meiner Wege,
fröhlich und gesegnet."

Selbstverständlich können Sie auch mit Ihren eigenen Worten zur Göttin sprechen, denn sie liebt Sie in Ihrer ganz persönlichen Eigenart. Vielleicht lassen Sie sich auch inspirieren von Hymnen und Lobpreisungen, die Ihr Herz berühren. In der Literatur finden sich auch viele Texte, mit denen Sie den Kreis ziehen und die Elemente einladen können. Eine besonders reichhaltige Quelle für schöne Rituale sind „Die zwölf wilden Schwäne" von Starhawk & Hilary Valentine.

Wenn Sie mögen, können Sie das Treffen aber auch ganz still gestalten. Dann beruhigen Sie Ihre Gedanken und sagen in die innere Stille hinein:

„Willkommen, liebste Göttin."

Wiederholen Sie das so lange, bis Sie ihre Gegenwart spüren, vielleicht als zarte Präsenz oder heiliger Schauer, vielleicht als eine stille Freude oder Liebe im Herzen.

Ich hoffe, Sie haben die Gegenwart der Göttin recht deutlich gespürt und suchen sie nun häufig auf. Dann können Sie ihr Ihr Herz ausschütten, ihr für alles Gute danken oder um Führung, Trost und Hilfe bitten. Vielleicht möchten Sie aber eine bestimmte Angelegenheit mit ihr besprechen oder für sie singen, tanzen oder ihr ein Gedicht vorlesen.

In der Geborgenheit des heiligen Raumes können Sie sie aber auch bitten, durch ein Orakel zu Ihnen zu sprechen.

2. Durch ein Orakel

Orakel- oder Wahrsagetechniken können uns dem Himmel näherbringen – oder auch in Teufels Küche.

Manche Menschen stürzen sich in Schulden oder verschleudern ihr ganzes Vermögen, um die Gebühren von Wahrsage-Hotlines zu finanzieren. Sie können nicht einmal mehr entscheiden, ob sie nun die braune Jacke anziehen sollen oder die blaue, wenn sie nicht vorher ihre Wahrsagerin angerufen haben.

Andere befragen selbst ein Orakel und leben dann in Angst und Schrecken vor dem, was da prophezeit wurde. Oder sie sind furchtbar deprimiert, wenn für eine bestimmte Unternehmung kein Erfolg verheißen wird. Sie verlieren dann allen Schwung und nehmen das Projekt erst gar nicht in Angriff. Später mag sich dann herausstellen: Es wäre doch das Richtige gewesen. Nun ist es zu spät.

Das muss nicht sein. Stellen Sie das Orakel – wie im Folgenden beschrieben – in den Dienst der Göttin. Dann kann es für Sie zum Segen werden.

Das tiefe Selbst und das Orakel

Zuerst müssen wir uns allerdings fragen: Welches Selbst spricht eigentlich durch das Orakel?

Natürlich ist es das tiefe, kindliche Selbst. Es liebt bunte Bilder, glänzende Pendel und klingende Münzen. Mit dem allergrößten Vergnügen spielt es damit – und kann uns dadurch Probleme machen. Stellt man ihm nämlich eine Frage, auf die es keine Antwort weiß, dann sagt es, was es befürchtet oder sich wünscht, was Sie seiner Meinung nach hören wollen oder was alte Traumata und negative Glaubenssätze ihm eingeben.

Das hohe Selbst dagegen kennt die Wahrheit über die Gegenwart. Es weiß, wohin sie sich wahrscheinlich entwickeln wird und was das Beste für alle Beteiligten ist. Hilfreiche Antworten bekommen Sie also nur, wenn Sie sich über Ihr tiefes mit dem hohen Selbst verbinden.

Darum kann ich Sie nur ermutigen, Ihre Kontakte zu pflegen, sowohl zu Ihrem kindlichen, tiefen Selbst als auch zur Göttin. Sie müssen nicht täglich ein großes Ritual abhalten. Doch sollten Sie sich der Göttin regelmäßig zuwenden. Sie können sich zum Beispiel still hinsetzen und denken, spüren, wissen: Die Göttin ist da! Sie können ihr erzählen, was Sie gerade bewegt, und auf ihre Antwort lauschen. Oder Sie danken ihr für alles Gute, das Ihnen an dem Tag begegnet ist. Auf diese Weise bekommen Sie einen „guten Draht" zur Göttin und können „gute Nachrichten" hören.

Noch ein letzter Hinweis, ehe wir über verschiedene Methoden und die Art der Fragestellung sprechen: Beteiligen Sie auch das mittlere Selbst an der Wahrheits- und Entscheidungsfindung. Wie schon die vorbereitenden Übungen gelingt auch diese am besten, wenn alle drei Selbste harmonisch zusammenwirken.

Verschiedene Orakel

Nun gibt es eine unüberschaubare Vielfalt von Orakeltechniken.

Manche Menschen pendeln. Andere lesen aus Rauch oder Kaffeesatz. Besonders beliebt sind Karten, von denen viele verschiedene angeboten werden.

Mit einem Göttinnen-Orakel können Sie kaum was falsch machen. Mir persönlich gefällt das Göttinnen-Geflüster von Amy Sophia Marashinsky sehr gut: liebevoll gestaltete Bildkarten der verschiedensten Göttinnen, dazu ein Begleitbuch mit Gedichten, Übungen und Informationen. Aber vielleicht fühlen Sie sich von einem anderen Deck mehr angesprochen. Oder Sie mögen lieber Engelkarten oder ein Set mit positiven Leitsätzen oder inspirierenden Aussprüchen.

Wenn Sie morgens eine solche Karte ziehen und mit offenem Herzen lesen oder anschauen, dann können Sie dem Tag eine positive Richtung geben. So ähnlich funktionieren von alters her auch die Kalendersprüche oder Bibellosungen.

Allerdings geht es beim Kartenlegen oft um etwas anderes: Man möchte die Wahrheit über eine bestimmte Situation herausfinden. Wenn möglich, will man auch noch wissen, wie sie sich entwickeln wird. Hierfür werden die verschiedensten Kartendecks verwendet.

Am beliebtesten sind derzeit die Tarot-Karten. Man munkelt, sie seien uralt und kämen aus Indien oder Ägypten. Nachweisbar ist ihr Gebrauch in Europa aber erst seit dem Ende des 14. Jahrhunderts. Wahrscheinlich stammen sie aus der islamischen Welt.

Wie unsere Spielkarten bestehen sie aus vier Sätzen, die mit den Elementen in Zusammenhang gebracht werden können: Schwerter oder Pik (Luft), Kelche oder Herz (Wasser), Münzen oder Karo (Erde) und Stäbe oder Kreuz (Feuer). Neben den

Zahlen- gibt es zu jedem Element vier Personenkarten: Bube, Ritter, Königin und König. Die zusätzlichen 22 Karten werden die Großen Arkana genannt. Hier haben wir zum Beispiel den unbekümmerten Narren und die Herrscherin, die als Mutter Natur erscheint, den Glück verheißenden Stern oder den Eremiten, der zu Ruhe und Sammlung einlädt. In der Zeit, als ich mit Orakeln experimentiert habe, hat das Tarot mir vor allem psychische Ab- und Hintergründe beleuchtet.

Ebenfalls sehr beliebt sind die Lenormand-Karten, benannt nach der französischen Wahrsagerin Marie Anne Adélaïde Lenormand. Sie wurde Anfang des 19. Jahrhunderts sehr berühmt, da sie unter anderem auch der französischen Kaiserin Joséphine und dem russischen Zaren Alexander I. die Karten gelegt haben soll. Allerdings benutzte sie dabei ein anderes Deck als das nach ihr benannte. Dieses besteht aus Personen- und Sachkarten wie Buch, Ring, Park oder Klee. Einige sind allerdings auch doppeldeutig. Das erschwert die Interpretation ebenso wie die Tatsache, dass die Bedeutung einer Karte bei der großen Legung durch die umliegenden Karten beeinflusst oder gar ins Gegenteil verkehrt werden kann. Die Lenormandkarten bewegen sich nach meinen Erfahrungen meist auf der Ereignisebene.

Auch das chinesische I Ging wird sehr geschätzt. Es ist das älteste Weisheitsbuch der Welt: Der Urtext war bereits 1000 vor Christus in Gebrauch, die Zeichen sind noch wesentlich älter. Mit der berühmten Übersetzung von Richard Wilhelm kam es 1924 in den Westen und wird seitdem mithilfe von Münzen oder Schafgarbenstängeln gern als Orakel verwendet.

Das I Ging beschreibt die Welt in 64 Bildern als ein Zusammenspiel von himmlischen und irdischen Kräften. Nun geht es darum, die Zeichen der Zeit richtig zu deuten und sich in den Lauf der Welt einzufügen. Dabei müssen wir unser Schicksal nicht passiv hinnehmen. Ganz im Gegenteil: Kennen wir Chancen und Gefahren, Grenzen und Möglichkeiten, dann können wir viel Gutes bewirken.

Dabei empfiehlt das I Ging immer wieder, beharrlich zu sein und edel zu handeln. Oft beschreibt es eine Situation in glasklaren und wunderbar poetischen Bildern, zeigt verborgene Aspekte und bringt auch unangenehme Wahrheiten ans Licht. Dabei ist es immer heilsam, sie zu erfahren. Es spendet Trost, vom I Ging verstanden zu werden, und wenn wir wissen, woran wir sind, können wir entsprechend handeln. Mir gegenüber zeigte sich das I Ging vor allem an der geistigen und spirituellen Dimension interessiert.

Es gibt noch eine Vielzahl weiterer Orakel, die hier nicht beschrieben werden können. Falls Sie sich damit beschäftigen möchten, finden Sie sicher ein geeignetes Buch oder Seminar.

Wenn Sie sich mit einem Kartendeck vertraut machen möchten, beginnen Sie am besten mit Tageskarten. Zuvor fragen Sie die Göttin, was sie Ihnen für heute mit auf den Weg geben möchte, was heute wichtig ist, worauf Sie achten sollen. Dann ziehen Sie eine Karte mit der intuitiven Hand, bei Rechtshändern ist das die linke, bei Linkshändern die rechte. Betrachten Sie das Bild und fragen Sie sich, was es für Sie bedeutet, was es Ihnen zu sagen hat. Am Abend können Sie die Karte noch einmal anschauen und sich fragen, wo und wann sich ihre Qualitäten an dem Tag gezeigt haben. So lernen Sie, die Bildersprache auf Ihr Leben anzuwenden. Dann verstehen Sie das Orakel besser, wenn Sie es mittels einer Legetechnik befragen.

Das Orakel fragen

Wenn Sie dem Orakel eine Frage stellen, ist die geistige Haltung das Wichtigste.

Hier lautet die Empfehlung: Nehmen Sie das Orakel ernst. Fragen Sie also nicht ständig und für jede Kleinigkeit. Klären Sie vorher: Muss ich das wissen? Will ich es wirklich wissen? Könnte ich jede beliebige Antwort akzeptieren?

Widerstehen Sie der Versuchung, vom Orakel eine Entscheidung zu verlangen. Damit ziehen Sie nur niedere Geister an, nicht aber die Göttin. Sie respektiert Ihren freien Willen immer und unter allen Umständen. Fragen Sie also nicht: Was soll ich tun? Sondern lieber: Was habe ich zu erwarten, wenn ich diesen Weg gehe? Welche Chancen und Hindernisse können auftreten? Was muss ich beachten? Was kann mir helfen?

Denken Sie dabei auf der Ebene des mittleren Selbst gut über Ihre Frage nach und klären Sie für sich, ob Sie sie der Göttin jetzt tatsächlich stellen wollen.

Sodann müssen Sie die Mitarbeit des kindlichen, tiefen Selbst gewinnen, damit die Verbindung zum hohen Selbst zustande kommen kann. Hierzu werfen Sie alles Schwere, allen Druck und alle Anspannung von sich. Sie müssen jetzt nicht DIE Antwort fürs Leben bekommen. Gehen Sie mit spielerischer Leichtigkeit an die Sache heran. Seien Sie fröhlich und begeistert bei dem neuen Spiel und fragen Sie aus dem Herzen heraus mit jener kindlichen Unschuld, die sich vertrauensvoll an die geliebte Göttin wendet.

Hierzu gehen wir nun den energetischen Weg durch das Scheitelzentrum am obersten Punkt des Kopfes. Dieses ermöglicht eine direkte Verbindung mit dem göttlichen Selbst.

Übung: Das Orakel fragen

Öffnen Sie den heiligen Raum.

Schreiben Sie Ihre Frage auf und sinnen Sie so lange über sie nach, bis Sie sie sozusagen als Ganzes im Geist behalten können. Sie besteht dann nicht mehr aus einzelnen Worten, sondern wird zu einem energetischen Bündel von Gefühlen, Bildern und Gedanken.

Setzen Sie sich aufrecht hin und ziehen Sie das Kinn Richtung Hals. *(Nur wenn Rücken und Nacken lang und gerade sind, kann die Energie nach oben steigen.)*

Spüren Sie nun in Ihren Scheitelpunkt hinein und dehnen Sie Ihr Gewahrsein nach oben hin aus. Nehmen Sie dabei die Essenz Ihrer Frage mit, höher und höher, immer höher hinauf in den Himmel. Dabei mischen Sie die Karten oder lassen die Münzen in Ihrer intuitiven Hand klimpern. *(Bei Rechtshändern ist das die linke, bei Linkshändern die rechte.)*

Irgendwann haben Sie vielleicht das Gefühl, es macht da oben Klick oder es rastet was ein. Oder irgendein anderes Signal sagt Ihnen, dass die Frage bei der Göttin angekommen ist. Möglicherweise spüren Sie es auch als ein Öffnen oder Weitwerden im Herzen. Hauptsache, Sie sind sich der Gegenwart der Göttin bewusst und haben irgendwann das deutliche Gefühl, dass Sie nun die Karten auslegen oder die Münzen werfen sollten.

Schreiben Sie die Antwort auf und bringen Sie Ihre Energie wieder herunter in den Körper. Hierzu können Sie sich bewegen, in Ihre Wurzeln spüren oder etwas essen.

Bedanken Sie sich für die Antwort und schließen Sie den heiligen Raum.

Sollte eine andere Fragetechnik bei Ihnen besser funktionieren, können Sie selbstverständlich die verwenden. Da sich das Göttliche auch durch den Zentralkanal in der Mittelachse des Körpers äußern kann, können Sie sich zum Beispiel auch an das Allerinnerste des Herzens wenden. Vorausgesetzt natürlich, der Weg ist frei von Traumata und Komplexen. Manche Frauen haben eine starke Verbindung zu Mutter Erde und können ihre Weisheit durch das Wurzelzentrum nach oben ziehen.

Wichtig ist: Sie kennen Ihre Frage in- und auswendig, spüren die Gegenwart der Göttin und wissen, wann Sie die Karten auslegen oder die Münzen werfen sollen.

Die Interpretation

Wenn Sie eine Antwort erhalten haben, dann sinnen Sie darüber nach. Deuten und prüfen Sie sie auf der Ebene des vernünftigen, mittleren Selbst.

Hierbei mag sich herausstellen, dass die Antwort keinen rechten Sinn ergibt. Das kann verschiedene Ursachen haben.

Vielleicht war es nicht die richtige Frage oder nicht die richtige Zeit, sie zu stellen. Oder Sie können die Antwort erst später verstehen. Möglicherweise möchten Sie sie eigentlich auch gar nicht wissen. Oder Sie haben die Göttin nicht erreicht.

Doch selbst wenn die Antwort einen Sinn ergibt, sollte sie geprüft werden. Hierzu können Sie fragen: Erhellt sie die jetzige Situation? Beschreibt sie sie zutreffend? – Wenn nicht, dann können Sie auch die Voraussage vergessen.

Spüren Sie außerdem nach, ob die Antwort Sie aufwühlt oder verletzt. Haben Sie das Gefühl, Sie müssten jetzt sofort was Drastisches unternehmen? – Dann kommt sie gewiss nicht von der Göttin.

Fragen Sie sich: Erfüllt die Antwort mich mit Liebe und Frieden? Macht sie mich weiser? Ermutigt und inspiriert sie mich? Ist es eine gute Antwort, auch wenn sie noch so hart ist? – Dann kommt sie von der Göttin, und Sie können beginnen, sie umzusetzen und entsprechend zu leben. Bleiben Sie aber wachsam und fragen Sie sich immer wieder: Ist das ein guter Weg? Ist es ein Weg mit Herz? Macht er diese Welt zu einem schöneren und freundlicheren Ort?

Sind Sie mit der Antwort nicht zufrieden, sollten Sie der Versuchung widerstehen, dieselbe Frage noch einmal zu stellen. Sie können höchstens um Klärung bitten oder nach der Bedeutung einer Karte oder eines Zeichens fragen.

Zum Schluss noch ein wichtiger Hinweis: Lassen Sie sich von ungünstigen Prognosen nicht niederdrücken. Es gibt kein Schicksal, das sich nicht wenden ließe. Durch ein Orakel erfahren Sie bestenfalls, wohin der Zug fährt, wenn sich nichts verändert. Aber das muss es nicht. Das tut es auch nicht. Niemals. Alles verändert sich fortwährend. Und auch Sie können was verändern. Sie können sich verändern. Verbinden Sie sich mit der Göttin. Dann kann sich alles zum Guten wenden.

Sie können aber nicht nur durch ein Orakel Zugang zu Ihrer inneren Weisheit finden, sondern auch in einer Vision. Mehr darüber erfahren Sie im nächsten Kapitel.

3. In einer Vision

Vielleicht gehören Sie zu den Menschen, die eine rege Fantasie haben und sich mühelos bunte Bilder vor ihr inneres Auge rufen können. Das sind gute Voraussetzungen dafür, zur Göttin zu reisen oder in Ihrem Lebensbuch zu lesen.

Eine Frage stellen

Anstatt die Frage an ein Orakel zu richten, reisen wir nun damit zur Göttin.

Bitte klären Sie auch hier vorher, ob Sie ihr diese Frage wirklich stellen möchten. Prüfen Sie auch, ob Ihr Herz rein ist. Suchen Sie tatsächlich einen Weg, der allen Beteiligten zum Besten gereicht? Sind Sie auch bereit, einmal etwas völlig Neues zu denken?

Bevor Sie die Übung machen, prägen Sie sie sich gut ein, damit Sie nicht ins Buch schauen müssen. Vielleicht kann jemand

Ihnen den Text auch vorlesen, oder Sie sprechen ihn auf Band, natürlich mit den entsprechenden Pausen, damit sich die Vision entfalten kann.

Sie können vorher eine Tiefenentspannung machen und sich vorstellen, Sie würden nach oben getragen werden. Oder Sie üben – wie hier beschrieben – im Sitzen und suchen den Kontakt über das Scheitelzentrum.

Übung: Der Göttin eine Frage stellen

Öffnen Sie den heiligen Raum.

Schreiben Sie Ihre Frage auf und sinnen Sie darüber nach, bis sie Ihnen völlig vertraut geworden ist.

Kommen Sie in die bereits beschriebene aufrechte und entspannte Sitzhaltung *(siehe Seite 50)* und ziehen Sie das Kinn Richtung Hals, damit die Energie nach oben steigen kann.

Spüren Sie nun in Ihren Scheitelpunkt hinein, in den obersten Punkt Ihres Kopfes. Stellen Sie sich dabei vor, Ihnen würden Zweige wachsen, hoch, immer höher hinauf in den Himmel.

Stellen Sie sich vor, Sie würden nach oben klettern. Sie klettern die Zweige hoch, klettern höher und höher hinauf in den Himmel.

Schließlich erreichen Sie eine grüne Wiese mit blühenden Apfelbäumen.

Gehen Sie über die Wiese und spüren Sie sie unter den Füßen, sonnenwarm. Sie genießen dieses besondere Licht hier oben, ganz klar und rein. Und Sie riechen den würzigen Geruch des Grases und den süßen Duft der Apfelblüten.

Nun kommt eine Frau auf Sie zu. Sie ist ganz in Licht gehüllt und strahlt eine solche Liebe aus, dass Ihnen ganz warm ums Herz wird.

Achten Sie darauf, in welcher Gestalt sie erscheint: als blühende Jungfrau, gereifte Mutter oder weise Alte.

Nun breitet sie ihre Arme aus und umfängt Sie mit den Worten: „Meine Liebe. Endlich bist du gekommen. Ich habe so lange auf dich gewartet."

Spüren Sie ihre Liebe. Fühlen Sie sich vollkommen angenommen und geliebt als die, die Sie sind.

Nun führt die Göttin Sie in ihren lichtdurchfluteten Tempel, der geschmückt ist mit üppigen Blumen. Sie lassen sich auf einem bequemen Polster nieder und stellen Ihre Frage. Sprechen Sie aus dem Herzen heraus und lauschen Sie dann. Warten Sie in innerer Stille, was die Göttin Ihnen zu sagen hat. Vielleicht zeigt sie Ihnen auch Bilder oder Szenen.

Bedanken Sie sich für die Botschaft und verabschieden Sie sich.

Gehen Sie zurück über die Wiese mit den blühenden Apfelbäumen zu der Stelle, wo die überirdische Welt mit der Menschenwelt verbunden ist. Sie erreichen Ihre Baumkrone, klettern die Zweige hinab und werden sich wieder Ihres Körpers bewusst.

Schreiben Sie die Antwort auf und erden Sie sich, indem Sie sich bewegen, in Ihre Wurzeln spüren oder etwas essen.

Schließen Sie nun wieder den heiligen Raum.

Wie nach dem Spruch des Orakels gilt es auch hier zu prüfen: Kommt die Antwort von der Göttin?

Fühlen Sie sich unglücklich, verzagt oder unter Druck gesetzt? Bringt die Antwort Sie in Bedrängnis? – Dann haben Sie die Göttin nicht erreicht.

Sollten Sie jedoch Frieden spüren und Ihr Herz vor Liebe singen, können Sie sicher sein, dass die Göttin es berührt hat. Behalten Sie das kostbare Geschenk ihrer Botschaft in Erinnerung und geben Sie es weiter an die Welt, indem Sie es leben.

Die Lebensaufgabe finden

Immer wieder stellt sich die Frage nach dem Sinn des Lebens. Leider kann ich die Ihnen auch nicht beantworten. Niemand kann das. Doch seien Sie gewiss: Ihr Leben hat einen Sinn. Ohne ihn hätten Sie keine Ideale, Wünsche oder Träume.

Wenn Sie Ihren Lebenssinn erforschen, werden Sie erfahren, wie er sich entfaltet. Anfangs sehen Sie vielleicht nur kleine Hinweisschilder. Mit der Zeit erkennen Sie immer mehr vom ganzen Bild, und alles fügt sich in einen größeren Zusammenhang. Darum empfiehlt es sich, immer mal wieder in das Buch des Lebens zu schauen.

Wie bei der vorigen Übung können Sie Ihr Gewahrsein im Sitzen nach oben hin ausdehnen. Sie können aber auch – wie hier beschrieben – im Liegen mit einer Tiefenentspannung beginnen. Auch hier wäre es gut, wenn Sie sich durch die Übung führen lassen könnten.

Übung: Das Buch des Lebens

Öffnen Sie den heiligen Raum.
Legen Sie sich wie beschrieben *(siehe Seite 56)* auf den Rücken und spüren Sie die Kontaktpunkte des Körpers mit dem Boden an der rechten Ferse ... der Wade ... dem Oberschenkel ... Ferse, Wade und Oberschenkel zusammen ... und lassen Sie das rechte Bein los ... lassen Sie es schwer werden und in den Boden sinken ...

Spüren Sie die Kontaktpunkte an der linken Ferse ... *(und so weiter wie auf der rechten Seite)*

Spüren Sie, wie das Gesäß auf dem Boden aufliegt ... und lassen Sie es sinken ... schwer und entspannt ...

Spüren Sie die Berührung am Rücken und an den Schultern ... und lassen Sie den Oberkörper in den Boden schmelzen ... ganz schwer und entspannt ...

Spüren Sie die Kontaktpunkte am rechten Oberarm ... Unterarm ... und der Hand ... am ganzen rechten Arm und der Hand ... und lassen Sie ihn schwer werden und sinken ...

Spüren Sie die Kontaktpunkte am linken Oberarm ... Unterarm ... *(und so weiter wie auf der rechten Seite)*

Spüren Sie nun, wie der Kopf auf dem Boden liegt ... und lassen Sie ihn schwer werden und in den Boden sinken ...

Spüren Sie noch einmal alle Kontaktpunkte am Hinterkopf ... an Schultern ... Armen ... Händen ... Rücken ... Gesäß ... Beinen ... und Füßen ...

Spüren Sie die Kontaktpunkte am ganzen Körper ... am ganzen Körper ... am ganzen Körper ...

Nehmen Sie nun Verbindung auf zur Leichtigkeit in Ihrem Körper ... Ihr rechtes Bein und der Fuß sind leicht, ganz leicht ... Das linke Bein und der Fuß sind leicht ... sehr leicht ... als würden sie schweben ...

Spüren Sie die Leichtigkeit im Becken ... und im Rücken ...

Ihr rechter Arm und die Hand sind leicht ... sehr leicht ... Der linke Arm und die Hand sind sehr, sehr leicht ... als würden sie schweben ...

Auch Ihr Kopf ist leicht, ganz leicht ...

Spüren Sie die Leichtigkeit im ganzen Körper ... Lassen Sie sich noch leichter werden ... so leicht wie eine Feder, die nach oben schwebt ... höher und höher hinauf in die offene Weite des Himmels ...

Sie können sich vorstellen, Sie lägen auf einer weichen, weißen Wolke und schwebten höher, immer höher hinauf in den Himmel. Unter sich sehen Sie Häuser und Straßen, Autos und Menschengewimmel. Sie genießen es, weitab zu sein vom Treiben der Welt, genießen den Frieden hier oben, das lautlose Schweben ...

Nun erreichen Sie einen Park mit einem herrschaftlichen Gebäude ... reich verziert und wunderschön.

An der Tür erwartet Sie eine Frau. Sie ist in Licht gehüllt und strahlt eine solche Liebe aus, dass Ihnen ganz warm ums Herz wird.

Nun umarmt sie Sie mit den Worten: „Meine Liebe. Wie schön, dass du gekommen bist. Ich habe so lange auf dich gewartet."

Spüren Sie ihre Liebe. Fühlen Sie sich vollkommen angenommen und geliebt als die, die Sie sind.

Nun führt die Göttin Sie in das Gebäude. Sie gehen durch hohe lichtdurchflutete Räume und erreichen schließlich eine Bibliothek.

„Bitte bringe mir das Buch meines Lebens", sagen Sie. „Ich möchte wissen, was meine Aufgabe ist."

Nun geht die Göttin zu einem der Regale und holt ein Buch heraus. Auf dem Einband steht Ihr Name. Lächelnd gibt sie Ihnen das Buch, und Sie schauen hinein. *(Größere Pause.)* Vielleicht steht dort etwas geschrieben, das Ihren Lebenssinn beschreibt. Vielleicht sehen Sie auch ein Bild oder eine Szene. *(Große Pause.)*

Wenn Sie genug gesehen haben, bedanken Sie sich, geben das Buch zurück und verabschieden sich.

Sie gehen zurück durch die hohen Räume, verlassen das Haus und gehen in den Park. Sie lassen sich wieder auf Ihrer weichen, weißen Wolke nieder und schweben in Ihren Körper zurück.

Schreiben Sie die Botschaft auf und erden Sie sich, indem Sie sich bewegen, in Ihre Wurzeln spüren oder etwas essen. Sie können nachher auch gärtnern oder töpfern, kochen oder sonst etwas tun, das Sie zurückbringt in die physische Wirklichkeit.

Schließen Sie nun wieder den heiligen Raum.

Vielleicht wurde Ihnen eine bestimmte Qualität ans Herz gelegt, möglicherweise aber auch eine konkrete Aufgabe gezeigt oder ein Talent, das es nun zu entfalten gilt.

Wenn Sie vor Ihrem inneren Auge nichts gesehen haben, dann sind Sie vielleicht kein visuell veranlagter Mensch. In diesem Fall können Sie sich in der Meditation fragen: „Was will ich? ... Was will ich wirklich? ... Was ist die Sehnsucht meines Herzens?" Denken Sie nicht über die Frage nach. Stellen Sie sie einfach in den Raum, nachdem Sie die Gedanken zur Ruhe gebracht haben, und die Antwort wird auch zu Ihnen kommen.

Es kann sein, dass Sie sie nicht sofort erfahren, denn eventuell muss vorher noch etwas bereinigt oder geheilt werden. Vielleicht kommt die Antwort auch nicht auf der Visionsreise oder in der Meditation. Doch Sie haben die Frage gestellt. Das genügt. Eines Tages bekommen Sie Ihre Antwort. Vielleicht in einem Traum, als ein Gefühl innerer Gewissheit oder als sinnvoller Zufall. Möglicherweise hören Sie ein Lied, oder Sie schnappen im Laden oder in der U-Bahn ein Wort auf. Vielleicht sehen Sie ein Plakat, oder Ihr Blick fällt auf einen Satz in einem wahllos aufgeschlagenen Buch – und plötzlich wissen Sie: „Das ist es. Genau das ist das Richtige für mich. Das ist mein Job, liebste Göttin, und den tu ich jetzt für dich."

Und das ist wichtig, sehr wichtig sogar. Denn wenn Sie das, was Sie erkannt haben, nicht leben, verliert es allen Wert. Darum folgen nun Lehren und Übungen, die Ihnen bei der Umsetzung helfen können.

IV Leben Sie mit der Göttin beim ...

Sie sind der Göttin nun einige Male begegnet, sodass sie Ihnen nun vertrauter geworden ist.

Vielleicht führen Sie das Ritual jetzt nur noch durch, wenn Sie gerade Zeit und Lust dazu haben. Meist aber mag es genügen, wenn Sie ganz einfach eine Kerze anzünden und sich in einer Sphäre von Licht wahrnehmen. Oder Sie betrachten ein Bild der Göttin, machen eine Geste der Ehrerbietung oder lesen einen inspirierenden Spruch, um sich mit ihr zu verbinden. Hauptsache, es kommt von Herzen.

Mit der Zeit wird die Göttin immer mehr zu einem Teil Ihres Lebens, um es schließlich ganz und gar zu durchdringen mit ihrer segensreichen Gegenwart. Dann leben Sie mehr und mehr in der Freude der Göttin. Sie schäumen über vor Lebenslust und Schaffenskraft. Sie schreiten voran voller Mut und Zuversicht, vollkommen im Frieden mit sich und der Welt.

Auf dem Weg dahin können Gebete, Affirmationen und Visualisierungen sehr nützlich sein. Sie können uns helfen, gesünder und glücklicher zu werden, unsere Bestimmung zu finden und unsere Träume wahr werden zu lassen. So leben wir mehr und mehr in der Fülle und können das Leben feiern.

1. Beten

Die ersten Gebete haben wir ja bereits gesprochen, zum Beispiel auf der Visionsreise oder als wir die Göttin in den heiligen Raum eingeladen haben.

Nun wollen wir unser Gespräch mit ihr vertiefen, auf dass sie uns immer inniger vertraut werde. Dabei können wir Gebete aus der Tradition unseres Herzens sprechen. Wir können in Fürbitten für unsere Lieben eintreten, loben und danken oder uns vertraulich mit der Göttin unterhalten.

Dabei lassen wir das Gespräch nicht einseitig werden, sondern gehen immer wieder auch in die Stille und warten, horchen, lauschen auf das, was die Göttin uns zu sagen hat. Schön ist es auch, wenn Sie Ihrem Gebet einen würdigen Abschluss geben können, etwa indem Sie sich verneigen oder „Amen" sagen. Sie können auch die Hände aneinanderlegen oder auf der Brust kreuzen.

Formale Gebete

Manche Menschen sind oder waren mit dem Göttlichen sehr inniglich verbunden. Ihre Gebete haben darum eine besondere Kraft, ebenso wie auch die Gebete, die von vielen Menschen oft und oft gesprochen wurden oder werden.

Möchten Sie auf diesem Weg der Göttin näherkommen, dann wählen Sie Gebete aus der Tradition Ihres Herzens. Ist es die christliche, dann können Sie sie auf die Göttin umdichten, zum Beispiel die Psalmen, das Vater/Mutterunser oder die Gebete des heiligen Franz von Assisi.

Sehr schön finde ich auch das Schutzgebet von James Dillet Freeman, das entsprechend umgedichtet lauten könnte:

Übrigens hat Edwin E. „Buzz" Aldrin gerade dieses Gebet am 11. April 1969 mit auf den Mond genommen.

Fühlen Sie sich im Buddhismus zu Hause, so finden Sie dort Gebete an Kuan Yin oder die grüne Tara. Wunderbare Gebete und Gesänge gibt es auch im Hinduismus und Sufismus, im Neuheidentum und so weiter.

Vielleicht sprechen Sie einfach einige Male verschiedene Gebete und spüren dabei in Ihr Herz hinein. Ist da ein stiller Friede oder eine süße Regung der Liebe oder Freude, dann haben Sie das innewohnende Göttliche erreicht.

Fürbitten

Wenn Sie der Göttin näherkommen möchten, dann können Sie beim Beten auch ihre ureigenen Qualitäten der Liebe und Fürsorge zum Ausdruck bringen. Mit anderen Worten: Sie beten für andere.

Bitte werden Sie dabei nicht überheblich. Die Göttin wohnt auch in Menschen, denen es gerade nicht gut geht. Wir setzen uns also nicht auf ein hohes Ross und bitten darum, dass Glück

---

3   Aus „Das Buch des stillen Gebets" der Unity School of Christianity, Seite 58, siehe Literaturhinweis. Im Original heißt es: Das Licht Gottes umgibt mich, die Liebe Gottes …

und Segen auf die da unten herabgeworfen werde. Eher wenden wir uns an die Göttin im anderen, auf dass sie zum Vorschein kommen möge als Freude oder Liebe, Arbeit oder Gesundheit.

Dabei achten wir den freien Willen der anderen. Natürlich können wir uns überlegen, was sie jetzt wohl brauchen könnten, vielleicht einen klaren Kopf für eine anstehende Prüfung oder eine Partnerschaft, in der sie Liebe leben können.

Doch im Grunde wissen wir zu wenig über ihren Weg und ihre Bestimmung im Leben. Darum sollten wir unsere Bitten eher offen halten wie in dem folgenden Beispiel.

Übung: Fürbitten

Liebste Göttin, ich bitte für die Leidenden, Hungernden und Kranken, für die Verfolgten und Bedrängten. Steh ihnen bei in ihrer Not. Lass sie deine Liebe spüren durch die Hilfe, die andere Menschen ihnen geben. Öffne sie aber auch für deine segensreiche Gegenwart in ihrem Innern, auf dass sie leben mögen in deiner Freude, deiner Üppigkeit und deiner grenzenlosen Liebe.

Ich bitte auch für alle Menschen, die mir nahestehen und die mir heute begegnen werden. Lass mich dich in ihnen sehen, ehren und lieben, auf dass sie leben mögen in deiner Freude, deiner Üppigkeit und deiner grenzenlosen Liebe.

Insbesondere bitte ich für ... *(warten Sie hier in innerer Stille, ob Ihnen eine bestimmte Person in den Sinn kommt).* Ich habe das Gefühl, es würde ihr/ihm guttun, wenn sie/er ... *(warten Sie auch hier auf die Inspiration der Göttin).* Gewähre ihr/ihm, was sie/er sich von Herzen wünscht, auf dass sie/er leben möge in deiner Freude, deiner Üppigkeit und deiner grenzenlosen Liebe. *(Stille.)*

Beenden Sie das Gebet mit Ihrer persönlichen Geste oder Ihrem Wort.

Natürlich können wir auch für uns selber bitten. Die Göttin liebt uns und ist immer bereit, uns mit ihren Gaben zu überschütten. Unsere Bittgebete sollen die Göttin also nicht dazu überreden, nur ja recht großzügig zu sein. Vielmehr öffnen wir uns im Gebet für ihren Segen. Und in der Stille danach stimmen wir uns auf sie ein und erfahren ihren Willen. Der mag anders sein als unser Wünschen. Irgendwann aber wissen wir: Er ist gut und nur gut.

Lobpreis

Eine schöne Form des Gebetes ist auch der Lobpreis.

Manche Leser/innen mögen jetzt vielleicht einwenden: Wie bitte? Muss die Göttin etwa gebauchpinselt werden? Was ist das für eine, die nach Schmeicheleien giert?

Nun, so eine ist sie nicht. Sie braucht unsere Lobpreise nicht. Aber wir, denn sie erinnern uns an das Gute. Das hilft uns, es auch im Alltag zu entdecken und zu leben.

Hierzu können wir die Göttin direkt loben und preisen, zum Beispiel dafür, dass sie immer für uns da ist, oder wir singen ein Loblied auf ihre Qualitäten, etwa auf ihre Liebe, Freude und Weisheit.

Wir können sie auch in ihrer Schöpfung loben, zum Beispiel in der Natur jeden Baum loben und jede Blume, jeden Stein und jeden Bach. Wir können uns an der Schönheit und dem Geruch unserer Garten- oder Balkon-Pflanzen erfreuen und jedes Blatt loben und jede Blüte, jede Frucht und jede Wurzel.

Selbstverständlich freut sich die Göttin auch in der Stadt über eine Lobpreisung: Da sind Autos, die die Menschen dorthin bringen, wo sie sein möchten, oder Kindergärten, in denen unsere Kleinen Spielkameraden finden und viele bunte Sachen. Und da sind die Fensterputzer, die die Scheiben der Hochhäuser so blitzblank putzen, dass die Sonne darin funkelt.

Wenn Sie lieber zu Hause bleiben möchten, auch gut. Dann ehren Sie die Göttin in jedem Gegenstand, der Ihr Leben schöner oder leichter macht. Schauen Sie alles an und loben Sie das Gute daran.

Natürlich können Sie die Göttin auch in den Menschen lobpreisen.

Übung: Menschen loben

Schreiben Sie oben auf ein Blatt Papier: „Ich lobe und preise die Göttin in ... *(Name eines Menschen, den Sie mögen).*" Darunter schreiben Sie zehn seiner guten oder liebenswürdigen Eigenschaften.

Schreiben Sie auf ein zweites Blatt: „Ich lobe und preise die Göttin in ... *(Name eines Menschen, der Ihnen gleichgültig ist).*" Loben Sie auch hier zehn seiner guten oder liebenswürdigen Eigenschaften.

Schreiben Sie auf ein drittes Blatt: „Ich lobe und preise die Göttin in ... *(Name eines Menschen, mit dem Sie Schwierigkeiten haben).*" Loben Sie auch an ihm zehn gute oder liebenswürdige Eigenschaften.

Schön ist es auch, die Komplimente direkt zu machen. Sagen wir den Menschen jeden Tag was Nettes, dann werden sie mit der Zeit immer freundlicher.

Durch das Loben erkennen, ehren und vermehren wir also das Gute, das jetzt da ist. Dasselbe geschieht durch das Danken.

Danken

Nicht nur in Zeiten der Fülle können wir Danke sagen. Wenn Mangel herrscht, ist es sogar besonders wichtig, denn es lenkt unseren Blick auf das Gute, das jetzt da ist. Dann kann es wachsen und sich vermehren.

Sie können auch ein Dankbarkeits-Tagebuch führen. Finden Sie jeden Tag mindestens drei Dinge, für die Sie dankbar sind.

Schreiben Sie jeden Tag etwas anderes auf. Nach einigen Wochen oder Monaten werden Sie staunen, wie reich gesegnet Sie sind.

Übung: Danken

Liebste Göttin, ich danke dir für die Sonne, die die Tage hell und freundlich macht.

Danke für den silbernen Mond, der die Nächte in Geheimnis taucht.

Danke für die Sterne, diese Edelsteine am Firmament.

Danke für die Erde, die mich trägt und nährt.

Danke für die Wohnung, in der ich mich wohl- und geborgen fühle.

Danke, dass ich in meiner Freizeit ... tun kann. Es macht mir so viel Freude.

Danke für die Talente, die ich mitbekommen habe, insbesondere für ...

Danke, dass ich sie entfalten kann zum Wohl des großen Ganzen.

Danke für die Menschen in meinem Leben, für ihre Freundlichkeit und ihr Wohlwollen, ihre Fürsorge und ihren Respekt. Danke für die Liebe und die Freude, die wir einander schenken können. Danke auch für die Schwierigkeiten, die ich mit ihnen habe. Sie helfen mir zu wachsen.

Danke, dass ich leben darf in deiner wunderbaren, unbegreiflich schönen Welt. *(Stille.)*

Beenden Sie das Gebet mit Ihrer persönlichen Geste oder Ihrem Wort.

Vertrauliche Gespräche

Selbstverständlich müssen wir keine bestimmte Form einhalten, wenn wir mit der Göttin reden wollen. Das geht auch ganz leger, sozusagen in Jeans und T-Shirt, denn zur Göttin können wir immer kommen. Egal, wie. Egal, womit.

Nichts ist zu klein oder geringfügig, als dass sie es nicht hören wollte. Sie können ihr von Ihren Freuden erzählen und von dem, was Sie erlebt, gefühlt oder gedacht haben. Vielleicht wollen Sie ihr Briefe schreiben, oder Sie gehen einfach so zu ihr und genießen ihre Gegenwart.

Andererseits ist auch nichts zu groß oder zu schwer, als dass Sie damit nicht zur Göttin gehen könnten.

Wenn Sie Angst haben, ist sie da, um Ihnen Mut und Kraft zu spenden. Dabei wird sie Ihre Angst nicht lächerlich machen oder kleinreden. Sie dürfen sich fürchten. Sie dürfen aber auch spüren: Die Göttin ist auf meiner Seite. Wer könnte da gegen mich sein?

Wenn Sie wütend sind, ist sie da, um Sie zu besänftigen. Doch sie wird Sie nicht ruhig- oder kaltstellen. Sie dürfen wütend sein und toben. Sie liebt ja gerade Ihre Lebendigkeit. Also schimpfen Sie – und spüren trotzdem ihre Liebe. Das wird Sie milder stimmen.

Sie dürfen auch zu ihr gehen, wenn Sie Mangel leiden. Sie wird Sie mit Ihrer Fülle segnen. Und wenn Sie sich einsam fühlen, wird sie Ihnen sagen: Ich bin da. Verbinden Sie sich mit ihr, dann verbinden Sie sich mit der ganzen Schöpfung und können sich gar nicht mehr einsam fühlen, selbst wenn Sie gerade alleine sind.

Auch in Kummer und Not ist sie für Sie da. Dabei wird sie Ihnen den Schmerz nicht ausreden oder Sie mit einem Lolly abspeisen. Sie dürfen traurig sein. Sie dürfen weinen. Manche Last im Leben wiegt nun einmal schwer.

Wenn Sie zum Beispiel einen Menschen verloren haben, können Sie beten:

Übung: Gebet nach einer Trennung

Liebste Göttin, danke, dass … *(Name des Menschen)* in meinem Leben war. Danke für die gute Zeit, die wir miteinander hatten. Insbesondere danke ich für … *(Beschreiben Sie ausführlich das Gute, das dieser Mensch in Ihr Leben gebracht hat, etwa Anteilnahme, Respekt und Unterstützung. Erinnern Sie sich an all die frohen Stunden und die schönen Erlebnisse, die Sie geteilt haben.)*

Ich muss aber auch sagen: Es war nicht nur das reinste Zuckerschlecken. Manche Hoffnungen und Träume haben sich nie erfüllt. *(Beschreiben Sie das nicht Gelebte und die verpassten Gelegenheiten. Stellen Sie sich dem Gefühl des unwiederbringlich Verlorenen.)* Und manchmal hatten wir auch harte Zeiten. *(Erinnern Sie sich daran, wie Sie wütend auf diesen Menschen waren, sich enttäuscht oder verletzt fühlten. So was kommt in den besten Beziehungen vor und kann die Liebe nicht schmälern.)*

Doch ich bin nun bereit, diese Gefühle loszulassen. Ich lege sie in deine Hände, liebste Göttin. Bitte hilf mir, … *(Name)* zu vergeben und als dein geliebtes Kind zu sehen. *(Wenn Sie restlos vergeben haben, ist da kein Schmerz mehr und keine Bitterkeit. Dann ist da nur noch Liebe, die größer ist als aller Verlust.)*

Ich bin nun bereit, … *(Name)* loszulassen. Ich gebe diesen Menschen in deine Obhut und unterstelle ihn deiner Liebe. Er geht seinen Weg nun ohne mich. Ich gehe ohne ihn. Und das ist gut. *(Stille.)*

Beenden Sie das Gebet mit Ihrer persönlichen Geste oder Ihrem Wort.

Was sich hier so leicht in drei Minuten liest, kann mitunter Wochen und Monate, sogar Jahre dauern. Das ist in Ordnung. Geben Sie sich die Zeit, all das Gute zu ehren und allen Schmerz zu spüren. Erlauben Sie sich, in Ihrer eigenen Zeit zu vergeben und loszulassen. Dann finden Sie auch die Kraft, weiter Ihren Weg zu gehen. Ohne diesen Menschen.

Dabei wird die Göttin mit Ihnen sein. Voller Liebe hört sie Ihnen zu. Wieder und wieder und immer wieder. Am Ende, wenn Sie alles gesagt haben und schließlich schweigen, dann hören Sie sie vielleicht sagen: „Ja, meine Liebe/mein Lieber. Für dich ist es schwer, sehr schwer, ich weiß. Für mich aber ist es leicht zu tragen. Wenn du willst, dann gib es mir."

Ja, es liegt ein großer Segen darin, ab und an zu schweigen! Nicht nur beim Beten, sondern auch beim Affirmieren.

2. Affirmieren

Mind over matter oder matter over mind, das ist oft die Frage. Oder auf Deutsch: Bestimmt das Sein das Bewusstsein oder umgekehrt?

Die Antwort lautet: sowohl-als-auch. Das Bewusstsein kann das Sein bestimmen, vorausgesetzt es ist stark genug.

Diese Stärke gewinnt es durch gefühlsmäßige Intensität und/oder durch Wiederholung. Wer sich zum Beispiel immer wieder sagt: „Wenn ich nasse Füße kriege, erkälte ich mich", der erkältet sich ganz sicher, wenn er nasse Füße bekommen hat. Und wer sich sagt: „Ich kann nicht malen", lernt es nie. Dabei können sogar vermeintlich Unbegabte plötzlich die allerschönsten Bilder malen. Man braucht ihnen unter Hypnose bloß einzureden, sie wären van Gogh.

Es spricht also einiges dafür, sich oft und gefühlvoll „einzureden", dass die Göttin in und mit uns ist. Das weckt sie auf und lässt sie als wirkende Kraft lebendig werden. Darum wollen wir nun eine geeignete Affirmation suchen und das tiefe Selbst daran gewöhnen, sie zu wiederholen.

Eine Affirmation finden

Wie heißt es so schön? Himmel und Hölle sind keine Orte, sondern Bewusstseinszustände. Also können wir uns durch heilsame und aufbauende Leitsätze den Himmel auf die Erde holen.

Diese können uns zum Beispiel in eine heitere und zuversichtliche Stimmung versetzen, sodass wir unseren Alltag besser bewältigen können. Andere Leitsätze wecken die innere Weisheit. Wieder andere stimmen freundlicher. Es geht also darum, sich selbst positiv zu programmieren – nicht die anderen oder die äußeren Umstände. Andererseits werden diese von Ihrer neuen Grundhaltung nicht unbeeinflusst bleiben.

Nachfolgend finden Sie vielleicht schon eine passende Affirmation für sich. Spüren Sie beim Lesen in sich hinein, worauf Ihr tiefes Selbst anspricht.

Übung: Eine Affirmation wählen

Die Göttin macht meinen Weg fröhlich und leicht.

Die Göttin ist meine Rettung. Auf sie kann ich bauen.

Die Göttin schuf mich nach ihrem Bilde – als Schöpferin. Darum bin ich erfüllt mit nie versiegender Schöpferfreude.

In allen Wesen sehe ich das Licht und die Liebe der Göttin.

Ich tue das Werk der Göttin. Es segnet die Welt und segnet mich.

Die Göttin geht mir voran und ebnet meinen Weg.

Ich lebe in der Liebe der Göttin.

Ich bin dankbar für den reichen Segen der Göttin.

Die Göttin ist mir Schirm und Schutz. Ich bleibe gelassen und zuversichtlich, was immer auch geschieht.

Die Göttin liebt mich.

Die Göttin führt mich im Denken, Reden und Handeln.

Ich feiere die Vielfalt, die die Göttin geschaffen hat.

Die Göttin muntert mich auf und erhellt meinen Tag.

Ich bin erfüllt vom Frieden der Göttin.

Natürlich können Sie die Affirmationen auch abwandeln oder selbst eine schreiben. Sie können auch ganz einfach eine bestimmte göttliche Qualität bejahen.

Irgendwann finden Sie vielleicht eine Affirmation, die Ihren Lebenssinn ausdrückt. Ich habe „meine Affirmation" daran erkannt, dass sie oft und leicht und immer wieder auch von selbst zu mir kommt. Das tat sie schon vor vielen Jahren, ehe ich überhaupt wusste, was Affirmationen sind. Heute erscheint diese eine mir wie ein Leuchtturm, der mich in den Heimathafen winkt.

Wie Bojen fungieren dagegen jene „Gelegenheits-Leitsätze", durch die sich bestimmte Umstände oder Lebensbereiche der göttlichen Liebe unterstellen lassen. Das werden wir in den nächsten Kapiteln auch noch vertiefen.

Doch ganz egal, mit welcher Affirmation Sie arbeiten, Hauptsache, sie geht Ihnen ins Herz und ist in einer klaren und einfachen Sprache formuliert. Achten Sie auch darauf, dass Sie in der Gegenwart sprechen, damit das Gute nicht ewig in der Zukunft oder Vergangenheit hängen bleibt. Außerdem drücken Sie sich bitte positiv aus. Statt zum Beispiel zu sagen: „Die Göttin hasst mich nicht", sagen Sie: „Die Göttin liebt mich." Das Wörtchen „nicht" ist so blass, dass es das tiefe Selbst wenig beeindruckt. Es hört nur „hasst", und das tut ihm gar nicht gut.

Die Affirmation anwenden

Nachdem Sie hoffentlich eine „gefühlsechte" Affirmation gefunden haben, wollen wir sie nun ins unterbewusste, tiefe Selbst bringen, indem wir sie oft und oft wiederholen. Das tiefe Selbst ist nun einmal ein Gewohnheitstier. Nun soll es sich etwas Neues angewöhnen, nämlich sich an die Göttin erinnern, sich ihr zuwenden und sich ihrem Schutz und Segen unterstellen.

Beginnen wir nun mit der Wiederholungsübung, die wir schreibend, sprechend oder denkend ausführen können. Dabei wollen wir dem tiefen Selbst die Affirmation nicht einbläuen.

Es darf ruhig widersprechen. Sooft es will. Nur werden wir ihm hernach noch einmal öfter die neue Richtung weisen.

Übung: Affirmieren

Schreiben Sie Ihre Affirmation jeden Tag mindestens zwanzig Mal ab.

Achten Sie auf die Reaktion Ihres tiefen Selbst. Möglicherweise wird es protestieren. Wenn Sie zum Beispiel gerade schreiben: „Ich bin erfüllt vom Frieden der Göttin", mag es einwenden: „Nee, ich bin total unruhig, weil ..." Schreiben Sie diesen Protest auf ein gesondertes Blatt Papier und fahren Sie fort mit: „Ich bin erfüllt vom Frieden der Göttin."

Wenn Sie fertig sind, schauen Sie sich das Blatt mit den Widersprüchen noch einmal an. Empfinden Sie Mitgefühl für sich und Ihre Gefühle der Angst oder Unruhe, des Unwertes oder was immer Ihnen das Leben schwer macht.

Fragen Sie sich, ob Sie bereit sind, diese Gefühle loszulassen. Mehr braucht es nicht. Sie müssen die negativen Gefühle nicht bekämpfen. Sie sind wie Schatten. Ihre Bereitschaft loszulassen bringt Licht in diese dunkle Ecke Ihrer Seele – und die Schatten verschwinden.

Am Ende können Sie das Blatt mit den Widersprüchen wegwerfen. Das mit den positiven Sätzen behalten Sie. Dabei lassen Sie es am besten nicht offen herumliegen, wenn jemand mit Unverständnis darauf reagieren könnte. Wenn Sie Ihre Affirmation diskutieren oder gar verteidigen müssten, kann sie ihre Kraft verlieren.

Statt sie aufzuschreiben, können Sie sie auch denken oder laut aussprechen. Machen Sie das jeden Tag fünf Minuten lang. Dabei lassen Sie nach jeder Wiederholung eine kleine Pause und achten auf etwaige Widersprüche. Hören Sie sich diese freundlich an und lenken Sie Ihren Geist dann wieder auf das Schöne, Gute, das Sie in Ihr Leben einladen möchten.

Auch tagsüber können Sie sich immer wieder Ihrer Bejahung zuwenden. Vielleicht haben Sie eine Armbanduhr, die Sie so einstellen können, dass sie stündlich piepst – immer eine gute Gelegenheit, was Nettes zu sagen oder zu denken. Oder Sie wiederholen Ihren Leitsatz immer, wenn das Telefon klingelt. Die Anruferinnen und Anrufer werden es Ihnen danken. Sie können auch die Kalenderfunktion auf Ihrem Computer so einstellen, dass Sie stündlich an Ihre Affirmation erinnert werden. Da macht das Arbeiten gleich doppelt so viel Freude.

Übrigens nimmt das tiefe Selbst die Affirmation leichter an, wenn wir entspannt sind. Das bedeutet: Kurz nach dem Aufwachen und kurz vor dem Einschlafen sind die Vitamine für die Seele besonders wirksam. Oder auch während einer Entspannungsübung. Sagen Sie sich zum Beispiel kurz vor dem Zurückkommen, wenn Sie am tiefsten Punkt der Entspannung angelangt sind: „Ich bin dankbar für den reichen Segen der Göttin", dann werden Sie auch tagsüber immer wieder dankbar feststellen, wie reich gesegnet Sie doch sind. Wenn Sie sich gesagt haben: „Die Göttin führt mich im Denken, Reden und Handeln", werden Sie weise und liebevoll geführt. Wenn Sie wissen: Ich lebe in der Liebe der Göttin, wird sie mit Ihnen sein und Ihr Herz wird vor Freude singen.

Wenn Sie mögen, können Sie statt der Worte auch ein Bild auswählen und dieses visualisieren.

3. Visualisieren

Mit Visualisierungen haben wir ja bereits gearbeitet: Wir haben uns friedliche Szenen vorgestellt, um uns zu entspannen. Wir haben der Göttin in ihrem Tempel eine Frage gestellt und in das Buch unseres Lebens geschaut.

Auch im Alltag nutzen wir häufig unsere Vorstellungskraft, leider oft in negativer Weise. Dann malen wir uns Katastrophen aus oder stellen uns vor, irgendwas würde schiefgehen – und meistens geht dann auch was schief. Besser, wir nutzen unsere Vorstellungskraft auf positive Weise, indem wir zum Beispiel einen Lichtraum schaffen oder der Göttin unseren Kummer und unsere Sorgen übergeben.

Eine Visualisierung wählen

Auf dem Göttinnen-Weg können Sie „Ihre" Göttin auch im Alltag vor Ihr inneres Auge rufen und sich für ihre segensreiche Gegenwart öffnen. Je öfter Sie das machen, desto wirksamer wird die Visualisierung.

Sie können auch beständig im heiligen Raum leben und sich im Licht der Göttin sehen. Wenn Sie mögen, können Sie den Raum mit Blumen oder Herzchen, Smileys oder Sternenglitzer füllen. Wie beim Affirmieren ist es hier sehr förderlich, mit einer gewissen Verschwiegenheit und großer Begeisterung bei der Sache zu sein.

Möglich ist auch, den Lichtraum zwischen Ihren Händen zu erschaffen und hineinzustellen, was immer der Liebe der Göttin bedarf.

Übung: Der Lichtraum

Halten Sie Ihre Hände etwas entfernt voneinander vor sich auf der Höhe des Herzens, die Handflächen einander zugewandt. Verbinden Sie sich über Ihr Scheitelzentrum mit der Göttin und lassen Sie ihr Licht und ihre Liebe herabströmen, durch Ihr Herz hindurch und in den Raum zwischen Ihren Händen. Wunderschönes goldenes oder silbernes Licht, reinweiß, lindgrün oder eine andere Farbe, die Ihnen richtig erscheint. Hauptsache, das Licht ist strahlend hell und klar.

Nun können Sie sich Ihre eigene Person oder einen lieben Menschen in dem Lichtraum vorstellen. Fühlen Sie, wie die Person im Schutz und in der Liebe der Göttin steht. Sie können auch ein Projekt oder ein künftiges Ereignis ins Licht der Göttin stellen. Auf diese Weise geben Sie ihm Kraft und positive Energie.

Später, wenn wir auf die einzelnen Lebensbereiche eingehen, werden wir weitere Visualisierungen besprechen. An dieser Stelle möchte ich Ihnen nur noch eine Übung vorstellen, in der Sie der Göttin Kummer und Sorgen übergeben können.

Übung: Kummer und Sorgen loslassen

Legen Sie sich auf eine geeignete Unterlage, decken Sie sich bei Bedarf gut zu und gehen Sie in eine tiefe Entspannung.

Stellen Sie sich vor, Sie hätten einen Rucksack auf dem Rücken und gingen durch einen schattigen Wald. Sie spüren den weichen Waldboden unter den Füßen, riechen den Duft der Moose, Farne und Waldblumen und freuen sich an dem Gesang der Vögel.

Sie gehen nun auf einen Waldweg, der einen Berg hinaufführt. Sie genießen die Kraft, die Sie durchströmt und höher und höher trägt. Doch Sie spüren auch, wie der Rucksack immer schwerer wird.

Immer stiller wird es um Sie her. Immer lichter wird der Wald.

Allmählich werden Sie müde. Der Rucksack wird schwer, sehr schwer, und die Riemen drücken in Ihre Schultern. Doch Sie gehen trotzdem weiter.

Nun öffnet sich der Wald, und Sie sehen eine grandiose Berglandschaft. Sie sehen Schnee und Eis, das in der Sonne glitzert und funkelt wie tausend Juwelen. Und darüber spannt sich der unendlich weite, tiefblaue Himmel.

Der Rucksack ist nun schwer wie Blei. Doch Sie gehen trotzdem weiter. Mit letzter Kraft erreichen Sie den Gipfel.

Dort steht eine Bank und daneben die Göttin in einer Ihnen vertrauten Gestalt. Sie begrüßt Sie voller Herzenswärme und nimmt Sie in ihre Arme. Gemeinsam setzen Sie sich auf die Bank.

„Du trägst schwer, mein Kind", sagt die Göttin voller Mitgefühl.

Da öffnen Sie Ihren Rucksack, schauen hinein und finden darin ein Geschenk für die Göttin. Geben Sie es ihr und erfreuen Sie sich an ihrer Freude.

„Du kannst mir auch die schweren Dinge geben", sagt sie. „Die mag ich besonders gern."

Wieder schauen Sie in Ihren Rucksack. Diesmal sehen Sie etwas, das ein Problem, einen Kummer oder eine Sorge symbolisiert. Spüren Sie in sich hinein, ob Sie bereit sind, es abzugeben. *(Größere Pause.)*

Wenn Sie die Angelegenheit loslassen möchten, dann übergeben Sie sie der Göttin.

„Ich danke dir", sagt sie und schaut Ihnen lächelnd in die Augen.

Da wird Ihnen ganz leicht ums Herz. Sie wissen: Die Angelegenheit ist in ihren Händen bestens aufgehoben. Nun kann sich alles zum Guten wenden.

Danken Sie der Göttin und ruhen Sie noch einmal in ihrer liebevollen Umarmung.

Verabschieden Sie sich von ihr und nehmen Sie wieder Ihren Rucksack auf. Nun ist er leicht, federleicht.

Sie steigen den Berg hinab, gehen leichten Schrittes zurück durch den Wald und freuen sich an dem fröhlichen Gezwitscher der Vögel.

Bereiten Sie sich nun darauf vor, wieder aus der Entspannung zu kommen.

Sie nehmen einen tiefen Atemzug und bewegen ganz leicht die Finger und die Zehen, die Hände und die Füße. Räkeln und strecken Sie sich und setzen Sie sich langsam auf.

Ich hoffe, Sie konnten loslassen, was so schwer für Sie war. Jetzt müssen Sie nicht mehr darüber nachgrübeln. Die Göttin kümmert sich darum. Wenn etwas zu tun sein wird, dann wird Sie es Ihnen sagen. Dann werden sie ruhig und mit leichter Hand das Richtige tun.

Nun können wir die erlernten Methoden auf die verschiedensten Lebensbereiche anwenden. Sie sind wie goldene Schlüssel, die die Schatztruhe der Göttin öffnen.

Dabei sollten wir die Göttin an die erste Stelle setzen. Deshalb wollen wir auch unsere Meditation nicht vernachlässigen: Still sein, so sein, einfach sein und wissen: Die Göttin ist da. Immer! Im Grunde sind die Herausforderungen des Lebens nur ein willkommener Anlass, sich ihr zuzuwenden.

4. Heilen des Körpers

Die Göttin liebt Sie über alles. Darum freut sie sich, wenn Ihr Körper von strahlender Gesundheit ist und nur so schnurrt vor lauter animalischem Wohlbefinden.

Außerdem möchte sie sich durch Sie offenbaren. Sie braucht Ihre Hände und Ihre Füße, Ihre Stimme und Ihr Herz, um hier auf der Erde wirken zu können, durch und als Sie. In den meisten Fällen dürfte das leichter sein, wenn Sie gesund sind.

Natürlich liebt die Göttin Sie auch, wenn Sie krank sind. Vielleicht spüren Sie ihren Beistand dann sogar besonders stark und sind dankbar für die Zeit der Muße, in der Sie sich ihr zuwenden und ihre Hilfe empfangen können.

Zum Beispiel besingt die Rocksängerin Melissa Etheridge in ihrem Album „The Awakening" ihre Erfahrungen in der Chemotherapie:

„Suffocating my delight
Until I was dragged into the light, into the stillness
Into the white hot flame of my deepest fears

And as I came crashing through, humbled and true
I was better than I'd been in years."[4]

Zufällig feierte sie gerade ihr furioses Comeback, als ich dieses Kapitel schrieb, und *zufällig* singt sie auch: „God is in the people", und: „My God is love".

Melissa Etheridge hat den Krebs besiegt. Tatsächlich können Wunder geschehen, wenn wir uns auf das innewohnende Göttliche ausrichten. Mir selbst wollte ein Orthopäde vor fünfzehn Jahren wegen einer schweren Arthrose künstliche Hüftgelenke einbauen und ein Knie versteifen. Das gefiel mir nicht. Also habe ich spirituelle, psychische und energetische Methoden angewandt. Inzwischen ist der Gelenkspalt normal. Neulich sagte ein Orthopäde sogar: „Damit können Sie noch mit neunzig durch die Gegend wackeln." Wohlgemerkt: mit den natürlichen Gelenken, die die Göttin mir eingebaut hat.

Dennoch wollen wir das Verschwinden von Symptomen nicht mit Heilung verwechseln. Manchmal werden Schwerkranke auf einer sehr tiefgründigen Ebene geheilt und – sterben trotzdem. Sie haben getan, was sie hier zu tun hatten. Nun gehen sie im Bewusstsein des innewohnenden Göttlichen in einer Würde und Schönheit, die auf ihre Umgebung einen starken Eindruck hinterlässt.

Darum wollen wir aus der physischen Gesundheit keine Religion machen, auch wenn die Göttin ihren Tempel mit Freuden gesund erhält und nicht will, dass auch nur eines ihrer geliebten Kinder leidet. Sie wird Ihnen darum gern zur Heilung verhelfen. Dabei kann sie auch durch Menschen oder Medikamente wirken. Also zögern Sie nicht, jede Hilfe anzunehmen, die Sie

---

4   Aus dem Album „The Awakening" von Melissa Etheridge, Song: Open your Mind, Songs of Ridge Road (ASCAP), 2007.

bekommen können. Wenn Sie sich mit der Göttin verbinden, wird sie Sie zu der bestmöglichen Behandlung führen. Handelt es sich dabei um eine physikalische Therapie oder Operation, dann versäumen Sie nicht, nachher auch Ihr Denken und Fühlen neu auszurichten, damit die Symptome nicht wiederkehren oder eine andere Krankheit ausbricht.

Überhaupt wollen wir alles tun, der Göttin zu helfen, uns zu helfen. Darum werden wir uns nun über mögliche Ursachen klar und nehmen die Krankheit an. Danach befassen wir uns mit energetischen und mit den geistigen Heilweisen aus den vorigen Kapiteln.

Ursachen erforschen

Wenn Sie zu Ihrem tiefen Selbst ein vertrauensvolles Verhältnis aufgebaut haben, wird es Ihnen über die Ursachen Ihrer Erkrankung Auskunft geben. Dabei werden Sie selten nur einen einzigen Grund finden. Meist hat ein ganzes Geflecht von Ursachen Sie dahin gebracht, wo Sie jetzt sind.

Physische Ursachen wären zum Beispiel: erbliche Veranlagung, Infektionen oder schädliche äußere Einflüsse, wie zu viel Lärm oder Kälte, verschmutzte Luft oder eine ungesunde Lebensweise. Dann gilt es, diese Faktoren so weit als möglich auszuschalten. Das mag Ihnen – was die Lebensweise angeht – leichter fallen, wenn Sie sagen: „Das tue ich jetzt für dich, liebste Göttin." Und es joggt sich noch mal so schön.

Mit der Zeit werden Sie auch feststellen: Je mehr Sie mit der Göttin verbunden sind, desto weniger müssen Sie auf Ihre Gesundheit achten. Dann haben Sie ganz natürlich Spaß an der Bewegung, und das gesunde Essen schmeckt Ihnen ganz fantastisch. Freiwillig würden Sie dann auch kein Junkfood mehr essen. Und

Sie brauchen auch keinen Alkohol mehr. Das Leben ist zu schön, als dass Sie sich betäuben oder aufheitern müssten. Sie trinken dann höchstens mal ein Gläschen, weil es Ihnen schmeckt oder Sie ein berauschendes Göttinnen-Fest feiern möchten.

Nun liegen die Ursachen für eine Erkrankung selten allein auf der körperlichen Ebene. Tatsächlich sind fast alle Krankheiten seelisch bedingt oder mitbedingt. Stress schädigt die Gesundheit. Angst und Leistungsdruck führen zu schädlichen Verspannungen. Und wer sich schuldig fühlt, kann sich mit einer Krankheit bestrafen. Auch die Sprache kann hier manchen Hinweis geben. Zum Beispiel sagen wir: „Das macht mir Kopfzerbrechen", „Das schlägt mir auf den Magen", „Ich habe Wut im Bauch", „Das bricht mir das Herz", „Mir ist eine Laus über die Leber gelaufen", „Ich habe die Nase voll" – und bekommen womöglich einen Schnupfen. Ja, negative Gefühle machen krank, weshalb wir uns im nächsten Kapitel auch um ihre Heilung bemühen werden.

Sogar Unfälle haben oft eine seelische Komponente. Hier können Sie sich einmal fragen: Warum passiert mir das gerade jetzt? Mit welchen Gedanken und Gefühlen habe ich das angezogen? Vielleicht brauchten Sie auch einfach nur Ruhe, oder Sie möchten sich einmal verwöhnen lassen. Dann geben Sie dem Körper, wonach er verlangt. Nach einer angemessenen Ruhephase werden Sie gern wieder aufstehen. Nicht, um die Last des Tages wieder auf sich zu nehmen, sondern um etwas Gutes für die Göttin zu tun, und das ist immer leicht.

Wer an Wiedergeburt glaubt, wird auch karmische Gründe anführen wollen. Selbstverständlich bewegen wir uns hier im Reich der Spekulation. Doch wenn sie Ihnen stimmig erscheint, könnte was dran sein an der Sache.

In der Reinkarnationstherapie findet man jedenfalls sehr häufig traumatische Erfahrungen, die so oft wiederholt werden, bis sie endlich verarbeitet werden. Das tiefe Selbst bleibt dann einfach in der gewohnten Bahn seiner ungesunden Denk- und Lebensweisen, bis es mit der Hilfe der Göttin neue Wege gehen kann.

Denkbare vorgeburtliche Ursachen wären auch verborgene Entscheidungen der Seele. Zum Beispiel könnte sie freiwillig ein Leid auf sich nehmen, um schneller zu wachsen, was allerdings auch ohne Leiden möglich ist. Oder sie möchte gern lernen, Hilfe anzunehmen. Vielleicht fehlte ihr auch die Erfahrung dieser Krankheit, um das Leben noch umfassender und tiefgründiger zu verstehen.

Immer wieder wird auch ein karmischer Zusammenhang von Ursache und Wirkung angenommen nach dem Motto: Wer einem anderen ein Auge ausschlägt, wird in einem späteren Leben blind geboren. Umgekehrt heißt das natürlich nicht, dass alle Blinden einmal Schläger waren. Schon in der Bibel heißt es: „Da fragten ihn seine Jünger: ‚Meister, wer hat gesündigt? Er selbst? Oder haben seine Eltern gesündigt, sodass er blind geboren wurde?‘ Jesus antwortete: ‚Weder er noch seine Eltern haben gesündigt, sondern das Wirken Gottes soll an ihm offenbar werden.‘“ (Johannes 9,2-3) Nehmen Sie also im Zweifelsfall ruhig an, Sie seien unschuldig. In Ihrem tiefsten Innern sind Sie das ja auch – ein reines und unschuldiges Kind der Göttin. Das heißt, Ihr wahres Wesen ist göttlicher Natur, und das soll sich nun auch zeigen.

Die Krankheit annehmen

Zuvor aber müssen Sie die Krankheit akzeptieren. Wenn Sie weiterkommen wollen, können Sie nur von dort losgehen, wo Sie gerade stehen. Also seien Sie erst einmal da, ganz da, auch wenn es noch so unangenehm ist.

Erträglicher wird es in Gegenwart der Göttin. Stellen Sie sich in ihr heilendes, liebendes Licht und erleben Sie, was jetzt ist: den Schmerz und die Schwäche, Gefühle der Angst oder Traurigkeit, der Wut oder was auch immer. Wie fühlt es sich an? Wo genau ist was zu spüren?

Und dann öffnen Sie sich für die Liebe.

Übung: Den Körper lieben

Stellen Sie sich vor einen großen Spiegel und betrachten Sie sich eingehend. Wenn Sie sehr schwach sind, können Sie auch sitzen oder sich im Liegen mit einem Handspiegel betrachten.

Machen Sie sich die Gegenwart der Göttin bewusst und sagen Sie: „Die Göttin liebt diesen Körper. Und auch ich liebe ihn."

Horchen Sie in sich hinein. Irgendwas in Ihnen wird jetzt womöglich protestieren. Hören Sie es sich ruhig an und wiederholen Sie dann: „Die Göttin liebt diesen Körper. Und auch ich liebe ihn."

Wieder warten Sie freundlich und geduldig, bis der mögliche Widerspruch abebbt. Dann wiederholen Sie: „Die Göttin liebt diesen Körper. Und auch ich liebe ihn."

Machen Sie das jeden Tag. Es wird Ihr Leben verändern.

Der Körper freut sich, wenn er geliebt wird. Er arbeitet dann noch mal so gut und so gern. Menschen arbeiten ja auch lieber, wenn man sie lobt.

Sie können sich auch direkt dem erkrankten Organ oder Körperteil zuwenden und ihm Ihre Liebe aussprechen. Oder Sie lächeln hinein. Erinnern Sie sich an die Übung des inneren Lächelns (siehe Seite 68)? Sie kann sehr heilsam sein.

Vielleicht möchten Sie auch mit der erkrankten Stelle sprechen. Fragen Sie sie (oder das tiefe Selbst): Willst du wieder gesund werden? Wenn ja, fragen Sie weiter: Was kann ich dazu tun? Wenn nein, fragen Sie nach den Gründen und räumen diese nach Möglichkeit aus.

Damit machen Sie schon die ersten Schritte in Richtung Heilung, die Sie energetisch unterstützen können.

Energetisch heilen

In den vergangenen Wochen hat Ihr Körper mehr als eine Milliarde Atome aufgenommen, und nach einem Jahr ist Ihr Körper fast rundum erneuert.

Aber warum sieht er dann dem alten so verblüffend ähnlich?

Weil der Energiekörper ihn immer wieder nachbaut. Nach ihm formt sich der physische Körper wie nach einer Blaupause. Haben sich dort Fehler eingeschlichen, dann zeigen sich diese auch im Körper. Darum kann die Pflege des Energiekörpers sehr heilsam sein.

Hierzu können wir die vorbereitenden Energieübungen wieder aufgreifen und mit dem Loslassen beginnen, das heißt, wir betonen das Ausatmen und lassen in der Pause danach alles Verbrauchte, Kranke, Abgestandene in die Erde fließen (siehe Seite 64). Danach betonen wir das Einatmen, absorbieren in der Pause nach dem Einatmen die frische Lebensenergie und lassen sie beim Ausatmen dorthin strömen, wo sie gebraucht wird (siehe Seite 66). Besonders intensiv wird der Prozess, wenn wir den Atemweg hinten unten verengen und mit dem Reibelaut atmen. Wenn Sie sich dabei unwohl fühlen – etwa wenn Sie gerade Fieber haben oder an entzündlichen Prozessen leiden –, dann beenden Sie die Übung.

Eine der wunderbarsten Energieübungen zur Pflege der Gesundheit ist der kleine Energiekreislauf, der das ganze System harmonisiert: Blockaden werden aufgelöst, Energielöcher gefüllt und Überschüsse ausgeglichen. So wirkt die Übung wohltuend bei allen Arten von Beschwerden. Sie können sie auch prophylaktisch machen: Wenn eine Grippe im Anzug ist oder Sie sich schwach und ausgelaugt fühlen, dann legen Sie sich einfach ein Stündchen ins Bett, machen den Kreislauf, und danach sind Sie wieder wie neu.

Dabei wandern Sie mit der Aufmerksamkeit entlang der Mittelachse um den ganzen Körper herum und verweilen in bestimmten Bereichen. Mit dem Einatmen gehen Sie weiter nach oben und mit dem Ausatmen gehen Sie tiefer, zum Beispiel vom Bereich des Herzens zum Solarplexus.

Anders als in der daoistischen Tradition beginnen und beenden wir auf dem Göttinnen-Weg den Kreislauf im Herzen. Sollten Sie hier Beklemmungen, Hitze oder Schmerzen spüren, dann können Sie vorerst auch am Bauch beginnen und erst einmal die Traumata des Herzens lösen, zum Beispiel mit den grundlegenden Heilübungen für Gefühle, die Sie im nächsten Kapitel finden. Danach können Sie den Kreislauf wieder im Herzen beginnen und beenden.

Um den Kreislauf zu schließen, legen Sie die Zungenspitze an den Gaumen etwas oberhalb der Schneidezähne. Wenn Sie mögen, können Sie sie auch noch weiter einrollen. Dabei sollte die Zungenspitze aber immer den Gaumen berühren.

Übung: Der kleine Energiekreislauf

Sie liegen entspannt auf dem Rücken. Das Becken ist so gekippt, dass sich der untere Rücken entspannen kann. Die Arme liegen etwas abseits vom Körper. Die Handflächen sind nach oben gedreht. Wenn möglich benutzen Sie kein oder nur ein flaches Kissen, vorausgesetzt, Sie müssen den Nacken dann nicht nach hinten abknicken.

Stellen Sie sich vor, die Göttin sitzt an Ihrem Bett und lächelt Sie an.

Atmen Sie tief und entspannt in den Bauch. Spüren Sie, wie der Bauch sich hebt und senkt mit dem Atem. Ein- und Ausatmen sollten ungefähr gleich lang sein. Wenn Sie sich dabei wohlfühlen, können Sie auch mit Reibelaut atmen. Das hält die Aufmerksamkeit gut beim Atem und regt die Lebensenergie an.

Gehen Sie nun mit der Aufmerksamkeit zur Mitte der Brust auf der Höhe des Herzens. Bleiben Sie dort mit Ihrer Aufmerksamkeit. Wenn sich ein Gefühl von Lebendigkeit oder Wärme, Kribbeln oder Vibrieren einstellt, verlassen Sie den Bereich. Vielleicht haben Sie auch ganz einfach das Gefühl: Jetzt ist es genug, jetzt fühlt es sich gut an.

Dann lassen Sie die Aufmerksamkeit mit dem Ausatmen nach unten zum Solarplexus wandern. Ruhen Sie dort eine Weile … Gehen Sie dann ausatmend in den Bereich etwa eine Handbreit unterhalb des Bauchnabels und ruhen dort … Wandern Sie mit dem Ausatmen in den Dammbereich zwischen Anus und Geschlechtsorgan und ruhen dort … Wandern Sie mit dem Einatmen hoch zum Kreuzbein … den Rücken hinauf bis zur Rückseite des Solarplexus … dem Punkt zwischen den Schulterblättern … der Rückseite des Halses … dem Punkt, wo der Hals in den Schädel eintritt … zum höchsten Punkt des Kopfes … nun wieder mit dem Ausatmen nach unten zum Punkt zwischen den Augenbrauen … zur Kehle … und zurück zur Mitte der Brust auf der Höhe des Herzens.

Machen Sie den Kreislauf so oft Sie mögen und beenden Sie ihn im Herzen.

Mit zunehmender Erfahrung werden Sie sehen, wie eng der Körper mit dem Energiesystem verbunden ist: Körperliche Störungen wirken darauf ein und umgekehrt. Genauso strömen auch Heilimpulse in beide Richtungen. Wenn Sie also mit einer energetischen Heilweise vertraut sind, kann ich Sie nur ermutigen, diese zu üben.

Noch komplexer wird das Ganze, wenn wir den Geist mit einbeziehen, denn auch von hier aus wirken Störungen auf das Energiesystem und schließlich auf den Körper. Und umgekehrt.

Dasselbe passiert natürlich auch mit Heilimpulsen. Darum können wir auch geistig den Körper beeinflussen und mit unseren drei goldenen Schlüsseln die Schatztruhe der Gesundheit öffnen.

Heilende Gebete

Das neue Testament ist voll von Heilungsberichten, denn Jesus war ein Experte auf diesem Gebiet. Darum schauen wir einmal, was er zu dem Thema zu sagen hatte.

Eins hat er oft und oft betont: dass wir glauben sollen. Wenn unser Glaube nur so groß wie ein Senfkorn ist, dann können wir Bäume verpflanzen und Berge versetzen.

Was aber, wenn kein Glaube da ist? – Dann beten wir ganz einfach darum.

Machen Sie dabei immer wieder Pausen und horchen Sie auf die Antwort der Göttin. Spüren Sie ihre Gegenwart. Das Wichtigste geschieht in der Stille.

Übung: Gebet um Glauben

Liebste Göttin, heute geht es mir gar nicht gut und ich kann mir nicht einmal mehr vorstellen, dass es mir je wieder besser gehen könnte. Ja, ich zweifle sogar daran, dass du es gut mit mir meinst, obwohl ich es ja weiß. So oft habe ich deine Liebe schon erfahren, und wenn ich etwas ganz und gar in deine Hände legen konnte, dann hast du alles zum Guten gewendet.

Darum bitte ich dich nun: Richte mich auf und erfülle mein Herz mit Zuversicht. Hilf mir zu glauben, spüren, wissen, dass du mit mir bist. Dann wird alles gut.

Nun will ich in die Stille gehen und warten, lauschen auf dein Wort. *(Stille.)*

Beenden Sie das Gebet mit Ihrer persönlichen Geste oder Ihrem Wort.

Wir können die Göttin auch um Heilung bitten. Allerdings müssen wir dabei in ihrer Gegenwart ruhen. Das können wir aber nur, wenn wir zumindest bereit sind, sogar in dieser Situation etwas Gutes zu sehen. Oft reicht es schon zu sagen: „Immerhin hat es mich dazu gebracht, mich der Göttin wieder zuzuwenden."

Übung: Gebet um Heilung

Liebste Göttin, ich leide schwer unter meiner Krankheit und weiß nicht, warum. Trotzdem muss es auch hierbei etwas Gutes geben, wie es in allen und allem etwas Gutes gibt. Bitte hilf mir, es zu sehen. *(Werden Sie innerlich still und warten Sie auf eine Antwort.)*

Danke für diese Einsicht. Sie hilft mir, den Blick von der äußeren Erscheinung zu lösen und dich wieder zu sehen, deine Liebe zu spüren. Ja, du liebst mich bedingungslos. Und du willst mich stark und gesund, damit ich deinen göttlichen Plan erfüllen kann. Das will ich auch, will es gern und kann es nun. *(Stille.)* Bitte lass mich immer das Gute sehen und lass es auch durch mich geschehen. *(Stille.)*

Beenden Sie das Gebet mit Ihrer persönlichen Geste oder Ihrem Wort.

Dankgebete sind ebenfalls sehr machtvoll.

Interessant ist in diesem Zusammenhang der folgende Ausspruch Jesu: „Darum sage ich euch: Alles, worum ihr betet und bittet – glaubt nur, dass ihr es schon erhalten habt, dann wird es euch zuteil." (Markus 11,24) Er handelte auch entsprechend: Einmal gab es nur sieben Brote und ein paar Fische für viertausend hungrige Menschen. Da nahm Jesus „die sieben Brote und die Fische, sprach das Dankgebet, brach die Brote und gab sie den Jüngern. Die Jünger verteilten sie an die Leute, und alle aßen und wurden satt." (Matthäus 15,36-37)

Das können wir gleich einmal ausprobieren.

Übung: Dankgebet

Liebste Göttin, ich danke dir für jede Sekunde, in der ich leben darf in deiner unbegreiflich schönen Welt. Du hast mich ins Dasein gerufen. Du willst mich heil und gesund. Und das wird jetzt offenbar. Dafür danke ich dir von Herzen. *(Stille.)*

Danke. *(Stille.)* Danke. *(Stille.)* Danke. *(Stille.)*

Beenden Sie das Gebet mit Ihrer persönlichen Geste oder Ihrem Wort.

Selbstverständlich können Sie auch Gebete aus Ihrer Tradition sprechen. Oder Sie beten, was immer Ihr Herz Ihnen eingibt. Dann lauschen Sie in der Stille auf die Antwort der Göttin und öffnen sich für ihre heilsame Gegenwart.

Heilende Affirmationen

Statt zu beten, können wir die göttlichen Wahrheiten auch bekräftigen, zum Beispiel mit einer der folgenden Affirmationen:

Übung: Gesundheit bestätigen

Ich bin gesund.

Mein/e ... ist gesund.

Die Göttin will mich stark und gesund.

Ich kann nun wieder ..., denn ich bin gesund.

Gesundheit ist mein göttliches Erbe.

Bringen Sie die Bejahungen wie in Kapitel IV-2 vorgeschlagen in Ihr tiefes Selbst. Wenn es Protest anmeldet, hören Sie ihn freundlich an. Geben Sie ihm Raum. Unterdrücken Sie ihn nicht. Am

Ende aber stellen Sie ihn in das Licht und die Liebe der Göttin. Und dann fahren Sie fort mit der Übung, bis Gefühle der Freude und Zuversicht aufkeimen und schließlich überwiegen.

Achten Sie auch darauf, dass Sie tagsüber nicht das Gegenteil – nämlich die Krankheit – bekräftigen, indem Sie ständig daran denken oder darüber reden. Viele Menschen neigen sehr dazu, weil sie dadurch leicht Mitgefühl und Aufmerksamkeit bekommen. Doch das schadet nur. Besser, Sie denken an Gesundheit.

Heilende Visualisierungen

Wenn Ihnen das schwerfällt, können Sie die Krankheit auch in Ihren Rucksack packen und der Göttin übergeben (siehe Seite 114). Mag sie sich darum kümmern. Sie wird Ihnen auch sagen, was zu tun und welche Behandlung die beste ist. Sie müssen nun nicht mehr darüber nachgrübeln, sondern können sich Gesundheit vorstellen.

Übung: Sich gesund sehen

Denken Sie an etwas, das Sie gerne tun, wofür Sie aber wieder gesund sein müssten, zum Beispiel Samba tanzen, tauchen oder Ski fahren.

Stellen Sie sich vor, Sie würden das jetzt machen. Seien Sie mit allen Sinnen dabei. Was ist zu sehen und zu hören? Was ist zu spüren und zu riechen? Genießen Sie es. Tauchen Sie ganz darin ein.

Selbstverständlich können Sie sich auch vorstellen, was in Ihrem Körper geschieht, wenn er geheilt wird. Oder Sie stellen sich selbst oder den erkrankten Körperteil in das Licht und die Liebe der Göttin. Hierzu können Sie auch mit den Händen einen Lichtraum schaffen (siehe Seite 113).

Durch diese Übungen laden wir die Göttin ein zu wirken, auf dass Heilung geschehe. Die bei chronischen Erkrankungen vorkommende Erstverschlimmerung braucht uns dabei nicht zu irritieren. Sie hält nur kurz an und ist ein Zeichen dafür, dass die vollkommene Heilung schon unterwegs ist.

Danach können körperliche Leiden leicht vergessen werden. Niemand denkt mehr an die Zahnschmerzen seiner Kindheit. Ein verletzendes Wort aber kann noch nach vielen Jahren schmerzen. Darum wollen wir uns nun anschauen, wie die Göttin unsere Gefühle heilen kann.

5. Heilen der Psyche

In Kapitel I-4 über die Psyche sprachen wir über die drei Selbste und können uns nun fragen, welches davon der Heilung bedarf.

Das hohe Selbst ganz sicher nicht. Es ist das, was heil ist. Immer. Es ist das Heil in uns, das durch nichts und niemanden angegriffen oder verletzt werden kann.

Das mittlere Selbst dagegen kann ungesunde Gedanken hegen. Zum Beispiel kann es sich einreden, wir oder andere Menschen seien schlecht. Glücklicherweise ist es uns immer wieder möglich, uns neu auszurichten. Wir lösen dann den Blick von der äußeren Erscheinung und richten ihn auf das göttliche Wesen in uns und allem, was ist.

Hierzu können wir auch das tiefe Selbst anleiten. Dieses bedarf am meisten der Heilung. Besonders, wenn es infolge eines Traumas negative Gefühle hegt. Diese trennen uns von der Gegenwart und damit vom Göttlichen, denn das ist immer jetzt.

Damit diese Gefühle heilen können, wollen wir zunächst betrachten, wie sie entstehen. Sodann wollen wir sie – und die entsprechenden negativen Glaubenssätze – in die Liebe der Göttin stellen, auf dass sie erlöst werden können. Auch unsere drei goldenen Schlüssel können uns die Tür zum Himmelreich der Gefühle aufschließen.

Negative Gefühle und Glaubenssätze

Gefühle sind im Grunde was Wunderbares. Sie machen das Leben aufregend und bunt, und sie bewegen die Welt und die Menschen. Durch sie fühlen wir uns lebendig und öffnen uns für die Liebe der Göttin.

Sie können uns auch sagen, wo es langgeht. Fühlen wir Liebe, Freude und Frieden, dann steht auf dem Wegweiser: Bravo! Weiter so! Ist da Furcht vor einer konkreten Gefahr, dann stellen sie zur Vorsicht ein Warnschild auf. Kommt Ärger auf, dann hissen sie ein rotes Fähnchen: Hier läuft was schief; bitte Kurskorrektur vornehmen. Trauern wir um etwas Verlorenes, dann laden sie uns ein, unsere Wertschätzung und Dankbarkeit besonders tief zu empfinden.

Also bräuchten wir mit Gefühlen eigentlich keine Probleme zu haben. Der Himmel hat ja auch keine Probleme, wenn es regnet, und die Luft stört es nicht, wenn es stürmt. Alles kommt und geht ganz einfach und natürlich.

Genauso einfach und natürlich kommen und gehen die Gefühle, wenn wir in der Liebe der Göttin ruhen. Wir wissen und erleben dann: Das, was ist, ist gut, auch wenn wir nicht immer gleich verstehen, warum. Tatsächlich können wir vor Wut schnauben oder Rotz und Wasser heulen – und trotzdem innerlich in Frieden sein, wenn wir nur vollkommen gegenwärtig sind und damit offen für das Göttliche.

Ohne die göttliche Gegenwart aber kann das kindliche, tiefe Selbst keine starken unangenehmen Gefühle ertragen und weigert sich, das Gute darin zu sehen. Ja, es weigert sich sogar, sie zu fühlen und verdrängt sie in den hintersten Winkel des Unterbewussten. Auf diese Weise werden unangenehme Gefühle zu dem, was ich als negative Gefühle bezeichne. Ungelebt und ungeliebt warten sie im Keller unserer Psyche darauf, ans Licht geholt zu werden.

Unglücklicherweise neigen sie dazu, unbewusste negative Glaubenssätze zu bilden. Häufig geschieht das in der Kindheit, weil wir in dieser Zeit besonders wehrlos sind gegenüber Verletzungen von nahen Bezugspersonen. Wurde ein Kind zum Beispiel nicht geschätzt, dann kann es fortan glauben: „Ich bin nicht gut genug." Wurde es nur bedingt geliebt, glaubt es womöglich: „Ich muss mich immer krummlegen und verbiegen für ein kleines bisschen Liebe, das ich jederzeit verlieren kann." Aber auch durch eine unglückliche Liebschaft können negative Glaubenssätze entstehen.

Da solche Sätze gefühlsmäßig stark aufgeladen sind, ziehen sie entsprechende Menschen und Umstände in unser Leben. Dann wird das alte Drama wieder und wieder und immer wieder neu aufgeführt. Vielleicht sogar über viele Leben hinweg. Beenden können wir es nur, wenn wir das zugrunde liegende Gefühl einmal voll und ganz gespürt und der göttlichen Liebe übergeben haben.

Negative Gefühle heilen

Das ist etwas vollkommen anderes, als sie blindwütig auszuagieren. Wie Sie vielleicht wissen, wurde die Katharsis-Theorie inzwischen widerlegt. Wenn Sie sich zum Beispiel über jemanden geärgert haben und denjenigen nun anbrüllen oder ersatzweise ein Kissen verprügeln, dann mögen Sie sich nachher eventuell erleichtert und gereinigt fühlen. Doch das hält nicht lange vor. Wenig später baut sich die Aggression wieder auf, noch stärker als zuvor. Manche Menschen werden auf diese Weise richtig süchtig nach intensiven Erfahrungen, und sie vergeuden viel Energie damit, in Gedanken zu schimpfen, Kleinigkeiten aufzubauschen oder große Dramen zu veranstalten. Schade darum. Diese Energien könnten transformiert und zum Guten gewendet werden.

Damit wollen wir nun beginnen, indem wir uns zunächst um die unangenehmen Gefühle der Gegenwart kümmern. Wir spüren bewusst hinein und erlauben, dass sie sich im Bewusstsein der göttlichen Gegenwart verwandeln. Um uns mit dieser Arbeit vertraut zu machen, beginnen wir am besten mit kleineren Verstimmungen oder emotionalen Schwierigkeiten.

Übung: Grundlegende Heilübung für unangenehme Gefühle

Wenn Sie Ihr tiefes Selbst täglich fragen, wie es ihm geht, wird es Ihnen sicherlich auch einmal unangenehme Gefühle zeigen, zum Beispiel Kummer oder Sorgen, Ärger oder Wut, Schmerz oder Einsamkeit.

Spüren Sie nun in das Gefühl hinein. Nehmen Sie wahr, wo im Körper es sich zeigt und wie genau es sich anfühlt. Beobachten Sie es mit einer freundlichen, wohlwollenden Aufmerksamkeit.

Öffnen Sie sich für die Gegenwart der Göttin. Seien Sie sich bewusst, dass sie jetzt da ist. Sie lässt Sie nie allein. Spüren Sie ihre bedingungslose Liebe.

Dann sagen Sie Ihrem tiefen Selbst: „Die Göttin liebt dich. Sie liebt dich auch, wenn du … *(nennen Sie das unangenehme Gefühl)* bist. Sie liebt dich immer und unter allen Umständen. *(Wahlweise können Sie auch in der Ich-Form sprechen: Die Göttin liebt mich. Sie …)*

Kämpfen Sie nicht gegen das unangenehme Gefühl, denn das würde es nur stärker machen. Stattdessen erlauben Sie ganz einfach, dass es jetzt da ist – und auch wieder geht, sich auflöst in der Liebe der Göttin. Sie kann Ihre Wut besänftigen, Ihren Schmerz lindern und Ihre Wunden heilen. So werden Tränen zu Lebenswasser und vergossenes Herzblut zu flüssigem Gold.

Erlauben Sie sich nun auch, das Gute an der Situation zu sehen, denn nichts ist so schlecht, als dass es nicht doch für etwas gut sein könnte.

Bedanken Sie sich bei der Göttin und beenden Sie die Übung.

Oft ist durch die Heilung des aktuellen, unangenehmen Gefühls auch das negative Gefühl aus der Vergangenheit geheilt.

Wenn wir aber nach wie vor unverhältnismäßig heftig auf die entsprechende Situation reagieren oder wenn wir uns später wieder in derselben misslichen Lage wiederfinden, dann können wir sicher sein, dass das tiefe Selbst weiterhin an dem negativen Gefühl leidet. Das heißt: Es hat in der Vergangenheit ein unangenehmes Gefühl verdrängt, ohne es je richtig zu fühlen und anzunehmen. Das muss nun nachgeholt werden. Auch hier beginnen wir mit dem unangenehmen Gefühl, das jetzt da ist, und heilen dann die Vergangenheit.

Hierzu gehört auch das Aufspüren und Umwandeln von negativen Glaubenssätzen, die sich damals gebildet haben mögen. Zum Beispiel könnte das tiefe Selbst seit damals glauben, es sei nicht liebenswert. Dann können Sie es davon überzeugen, dass das nicht stimmt. Was bedeutet es schon, wenn ein einziger Mensch uns irgendwann einmal nicht lieben konnte? Andere können es. Die Göttin kann es. Sie liebt jeden einzelnen von uns bedingungslos. Öffnen Sie sich für ihre Liebe, dann werden Sie sie auch im Außen erleben und leben.

Während der gesamten Übung bleiben wir bewusst im Hier und Jetzt und damit zugänglich für die Göttin, die alles zum Guten wendet. So fallen wir nicht in das Gefühl hinein.

Hierbei sollten Sie jede Hilfe in Anspruch nehmen, die Sie bekommen können, zum Beispiel den heiligen Kreis oder eine der hier vorgestellten Übungen, die Sie auf positive Weise in der Gegenwart verankern. Wenn Sie mit Reiki vertraut sind, dann können auch die Symbole des 2. Grades hilfreich sein.

Da die Göttin gern durch Menschen wirkt, kann therapeutische Hilfe durchaus sinnvoll sein. Achten Sie aber auf die Wegweiser: Fühlen Sie sich angenommen, ermutigt und gestärkt, dann geben Sie grünes Licht.

Mit etwas Glück finden Sie auch eine Person, die mit Ihnen die folgende Heilübung macht. Dann kann sie Sie durch die einzelnen Phasen führen, die entsprechenden Fragen stellen und mit Ihnen das Bewusstsein der göttlichen Gegenwart halten.

Übung: Grundlegende Heilübung für negative Gefühle und Glaubenssätze

Bearbeiten Sie zunächst – wie in der vorigen Übung – das unangenehme Gefühl der Gegenwart.

Dann fragen Sie weiter: „Woher kennst du dieses Gefühl? Wann hast du das schon mal erlebt?"

Wenn das tiefe Selbst Ihnen nun eine traumatische Erfahrung der Vergangenheit zeigt, dann lassen Sie – das erwachsene Ich – sich nicht von den Gefühlen überschwemmen. Beobachten Sie nur. Bleiben Sie dabei mit einer freundlichen, wohlwollenden Aufmerksamkeit und vergewissern Sie sich dabei der göttlichen Gegenwart.

Sagen Sie: „Die Göttin liebt dich. Sie liebt auch dein … *(nennen Sie das negative Gefühl).* Sie liebt dich immer und unter allen Umständen. *(Wahlweise können Sie auch in der Ich-Form sprechen: Die Göttin liebt mich. Sie …)*

Machen Sie so weiter, bis das Gefühl und die damalige Situation sich in der Liebe der Göttin auflösen. Fühlen Sie sich eingehüllt und geborgen in ihrer Liebe.

Möglicherweise zeigt sich unter dem geheilten Gefühl noch ein weiteres, das ebenfalls der göttlichen Liebe bedarf. Unter der Wut mag ein Schmerz begraben sein und noch darunter vielleicht eine Sehnsucht. Lassen Sie alles zu und stellen Sie es in das Licht und die Liebe der Göttin.

Erforschen Sie nun die negativen Glaubenssätze, die sich damals gebildet haben mögen.

Hierzu fragen Sie weiter: „Was hat diese Erfahrung dich gelehrt? Welche Schlüsse hast du daraus gezogen? Was denkst du seitdem über dich? Was denkst du seitdem über Männer/Frauen und das Universum allgemein?"

In der Regel hören Sie nun ein vernichtendes Urteil über sich und/oder die Welt. Durchleuchten Sie es auf der Ebene der Vernunft. Nehmen Sie es auseinander. Pflanzen Sie Ihrem tiefen Selbst eine gesündere Überzeugung ein.

Bitten Sie das tiefe Selbst, sich für das Licht und die Liebe der Göttin zu öffnen.

Fragen Sie es am Ende, was Sie in dieser Angelegenheit für es tun können, und erfüllen Sie ihm seinen Wunsch, wenn er niemandem schadet.

Verabschieden Sie sich in Liebe.

Der Wert dieser Übung ist kaum zu unterschätzen.

Sollten Sie sich dabei allerdings doch wieder in das negative Gefühl hineinsteigern, dann sind Sie vielleicht noch nicht wirklich so weit es loszulassen. Ohne Ihre Bereitschaft geht es aber nicht. Andererseits braucht es auch nicht mehr. Nur die Bereitschaft loszulassen. Den Rest erledigt die Göttin.

Um Ihren Grad an Einverständnis auszuloten, können Sie sich fragen: Was wäre, wenn dieses Gefühl und die entsprechenden misslichen Situationen aus meinem Leben verschwinden würden? Was würde ich dann verlieren? (Mitgefühl, Aufmerksamkeit, Selbstgerechtigkeit, keine Verantwortung tragen müssen etc.) Kann ich darauf verzichten?

Wenn Sie diese Frage ehrlichen Herzens bejahen können, Sie aber dennoch immer wieder in das negative Gefühl hineinfallen, dann können Sie sich vielleicht nur unzureichend in der Gegenwart verankern. Doch das können Sie lernen. Hierzu kann ich Ihnen die stille Meditation (siehe Seite 71) wärmstens empfehlen. Hilfreich ist es auch, den Kontakt zur Göttin zu stärken, etwa durch Gebet oder das große Ritual.

Wenn Sie an einem Trauma arbeiten, geraten Sie möglicherweise innerhalb kurzer Zeit immer wieder in die entsprechende Situation. Hierbei kann es sich um das im vorigen Kapitel angesprochene Phänomen der Erstverschlimmerung handeln. Das bedeutet: Das Trauma ist aktiv, und Sie können es nun endgültig heilen. Ergreifen Sie freudig die gute Gelegenheit und bitten Sie die Göttin Ihnen zu helfen.

Heilende Gebete

Wenn Sie einen neuen positiven Glaubenssatz fassen wollen, können Sie zum Beispiel beten:

Übung: Gebet zur Umwandlung von negativen Glaubenssätzen

Liebste Göttin, gerade habe ich herausgefunden, dass ich tief im Innern glaube, ich sei … *(nennen Sie Ihren negativen Glaubenssatz).* Und genau das habe ich auch immer wieder erlebt. Wieder und wieder habe ich meine Welt entsprechend gestaltet und mich unglücklich gemacht.

Das will ich nun ändern. Ich will eine neue Welt aufbauen. Eine Welt, in der ich ... *(nennen Sie Ihren neuen positiven Glaubenssatz)*. Bitte hilf mir dabei. *(Gehen Sie in die Stille und erlauben Sie, dass die Göttin Ihren neuen Glauben bestätigt.)*

Beenden Sie das Gebet mit Ihrer persönlichen Geste oder Ihrem Wort.

Überhaupt sind Gebete ein wunderbares Heilmittel für jede Art von unangenehmen Gefühlen. Wenn Sie sich zum Beispiel einsam fühlen, können Sie beten:

Übung: Gebet bei Einsamkeit

Liebste Göttin, ich fühle mich so entsetzlich einsam. Als wäre ich der einzige Mensch auf der ganzen Welt. Da ist niemand, zu dem ich gehen kann. Niemand, mit dem ich reden kann.

Aber du.

Ja, du bist da, bist immer da mit deiner Liebe. *(Werden Sie innerlich still und öffnen Sie Ihr Herz für die Liebe der Göttin.)*

Liebste Göttin, ich danke dir für deine liebevolle Gegenwart. Sie füllt mein Herz und stillt alle Sehnsucht.

Geborgen in deiner Liebe kann ich nun auch wieder unter Menschen gehen, mich mit ihnen verbinden und Gemeinschaft finden. Dafür danke ich dir von Herzen. *(Stille.)*

Beenden Sie das Gebet mit Ihrer persönlichen Geste oder Ihrem Wort.

Wenn Sie Angst haben oder sich Sorgen machen, können Sie den Schutzkreis ziehen (siehe Seite 75) und beten:

Wunderbare Heilmittel bei unangenehmen Gefühlen sind auch Dankgebete. Finden Sie etwas Gutes an der Situation, unter der Sie leiden, und danken Sie dafür. Finden Sie noch etwas Gutes und danken Sie auch dafür. Finden Sie zehn gute Gründe, die Situation zu loben. So heilen Sie Gefühle von Gier und Neid, Mangel und Selbstmitleid und kommen zurück in die Gegenwart. Das ist die einzige Zeit, in der Sie der Göttin begegnen können. Die einzige Zeit, in der Sie Ihre Chancen für ein besseres Morgen erkennen und ergreifen können.

Auch in tiefer Trauer können Sie beten (siehe Seite 106). Dabei bleibt Ihre Liebe lebendig, und Sie können sie nach einer angemessenen Trauerzeit einem anderen Menschen schenken, indem Sie beispielsweise in ein Kinderheim gehen oder alten Menschen helfen.

Wichtig ist, dass Sie, nachdem Sie dem unangenehmen oder negativen Gefühl Raum gegeben haben, sich wieder der Göttin zuwenden, auf dass sie Heilung schenke. Dabei können auch Affirmationen helfen.

Heilende Affirmationen

Diese sind nicht schwer zu finden. Nehmen Sie ganz einfach das Gefühl, das Ihnen derzeit zu schaffen macht, und behaupten Sie das Gegenteil.

Hier einige Beispiele:

Übung: Affirmationen zum Heilen von Gefühlen

Bei Neid: Ich gönne … von ganzem Herzen sein/ihr Gutes.

Bei Mangelgefühlen: Ich lebe in göttlicher Fülle.

Bei Eifersucht: Mein Gutes kann mir niemand nehmen.

Bei Angst: Die Göttin ist mit mir. Wer könnte gegen mich sein? Oder: Ich bin geborgen in der Liebe der Göttin.

Bei Kummer: Ich bin erfüllt von göttlicher Freude.

Bei Sorgen: Auch das wird sich zum Guten wenden.

Ein wunderbarer Weg der Heilung ist es auch, einen negativen Glaubenssatz aufzuspüren und ihn in einen positiven Leitsatz zu verwandeln, indem Sie das Gegenteil behaupten. So lange, bis Ihr tiefes Selbst davon überzeugt ist.

Sie können Ihre Affirmation auch mit einer Tätigkeit verbinden. Wenn Sie putzen, können Sie sagen: Ich reinige mein Herz mit dem Wasser der Liebe. Bei der Gartenarbeit: Ich pflanze gute

Gefühle in mein Herz. Beim Duschen: Ich reinige mich von allem, was mich von der Göttin trennt.

Wiederholen Sie Ihre Affirmation häufig. Hüten Sie sich aber davor, in die Verdrängung zu gehen. Das heißt: Sie lassen Pausen für eventuelle Widersprüche, hören sich diese freundlich an – und fahren dann fort, das Gute zu bejahen.

Heilende Visualisierungen

Nach demselben Muster können Sie auch visualisieren.

Wenn Sie aufgebracht sind, stellen Sie sich friedliche Szenen vor, wenn Sie deprimiert sind, was Fröhliches. Sie können sich auch selbst in eine solche Szene hineinstellen oder sich vorstellen, Sie würden in einer bestimmten Situation liebevoll und weise handeln.

Wenn Sie mögen, packen Sie in Ihrer Vorstellung ein Symbol des Problems in eine Truhe und versenken sie auf den Meeresgrund. Oder Sie malen es auf einen Luftballon und lassen ihn in die Weite des Himmels steigen.

Das funktioniert allerdings nur, wenn Sie auf diese Weise keine unangenehmen Gefühle verdrängen wollen, denn irgendwann müssen sie doch gefühlt und angenommen werden. Warum nicht gleich? Also tun Sie sich den Gefallen und machen Sie die grundlegenden Heilübungen für Gefühle, entweder in der oben beschriebenen Form oder als Visualisierung.

> **Übung: Einen neuen Film einlegen**
>
> Stellen Sie sich vor, Sie sitzen im Kino neben der Göttin, die Ihre Hand ergreift. *(Hier kann die Göttin auch durch eine/n Therapeutin/en wirken oder durch eine liebevolle Begleitperson.)*

Nun schauen Sie sich die Szene an, in der Sie verletzt wurden. Bleiben Sie möglichst ruhig und spüren Sie die Liebe der Göttin.

Danach läuft der Film ein zweites Mal ab, diesmal in Schwarz-Weiß. Beim dritten Mal sind die Bilder schon so verblasst, dass Sie sie kaum noch erkennen können. Am Ende sehen Sie nur noch die leuchtend weiße Leinwand. Wenn Sie mögen, können Sie die Göttin nun bitten, Ihnen einen schönen Film zu zeigen.

Vielleicht waren es aber auch Worte, die Sie verletzt haben. Dann empfiehlt sich die folgende Vorstellung:

Übung: Verletzende Worte neutralisieren

Setzen Sie sich mit der Göttin in einen Konzertsaal und hören Sie sich alles noch einmal an. Bleiben Sie auch hier möglichst ruhig und spüren Sie die liebende Hand der Göttin.

Beim zweiten Durchgang werden die Sätze in einer Fremdsprache wiederholt und beim dritten Mal in einem Kindersingsang.

Genießen Sie die Stille danach. Sie können die Göttin auch bitten, Ihnen etwas Freundliches zu sagen.

Je mehr Sie Ihr Gefühlsleben mit den beschriebenen Methoden reinigen, desto durchlässiger wird es für die Liebe der Göttin in Ihrem Innern. Das dürfte Ihren Beziehungen sehr gut bekommen.

6. Heilen von Beziehungen

Beziehungen sind was Wunderbares. In ihnen können wir miteinander reden und schweigen, miteinander arbeiten und feiern, einander ansehen und berühren. Beziehungen öffnen das Herz, erweitern den Blick und geben uns Gelegenheit, das Göttliche im anderen zu erkennen und das uns innewohnende Göttliche zu leben.

Sie stellen auch Hinweisschilder auf: Wenn wir uns wohl- und akzeptiert fühlen, wenn wir Beistand und Mitfreude erfahren und wenn das, was wir zu geben haben, dankbar angenommen wird, dann steht auf dem Schild: wunderbar, nur weiter so! Wenn wir im Kontakt mit anderen immer wieder verletzen oder verletzt werden, können wir die nötigen Kurskorrekturen vornehmen. Dies geschieht durch Vergebung. Dabei lösen wir den Blick von der äußeren Erscheinung und lenken ihn auf das Göttliche in uns und anderen. So kehren wir zur göttlichen Liebe zurück.

Doch zunächst einmal wollen wir das Thema Schuld und Schuldgefühle beleuchten.

Schuldgefühle

Viele Menschen leiden unter unbewussten Schuldgefühlen, die ihnen den Kontakt zur Göttin verwehren, oder sie verhindern, dass sich der Segen der Göttin im Leben zeigt. Das tiefe Selbst glaubt dann, es sei zu schlecht, als dass es ein schönes Leben haben dürfte.

Da das tiefe Selbst mit Schuldgefühlen allein nur schwer fertig wird, verdrängt es sie sehr oft und projiziert seine Schuld gern auf andere Menschen. Dann klagen wir andere an für etwas, das wir selber tun, oder wir regen uns auf über Eigenschaften, die wir an uns selbst nicht mögen.

Wenn Sie unbewussten Schuldgefühlen auf die Spur kommen wollen, können Sie einmal austesten, wie Ihr tiefes Selbst auf die folgenden Sätze reagiert: „Ich bin schuldig." „Möglicherweise fühle ich mich schuldig." „Ich bin vollkommen unschuldig." „Ich könnte mich schuldig fühlen, weil …"

Sprechen Sie diese und ähnliche Sätze langsam und mit Pausen, damit das tiefe Selbst sich zu Wort melden kann. Kommen starke Gefühle auf, dann leiden Sie wahrscheinlich unter einem Schuldkomplex.

Dieser kann sich auch bilden, wenn Sie vollkommen unschuldig sind. Kinder können sich für die absurdesten Dinge schuldig fühlen, zum Beispiel für die Migräne der Mutter, die Trennung der Eltern oder den Unfall eines Geschwisterkindes. Dabei waren sie völlig unschuldig. Trotzdem leiden sie womöglich ihr Leben lang unter unbewussten Schuldgefühlen.

Paradoxerweise fühlen Menschen sich auch schuldig, wenn sie als Kind schlecht behandelt wurden. – Sind Sie schon einmal versehentlich über einen Hund gestolpert? Für ihn ist das, als sei er getreten worden. Sicherlich zu Recht, nimmt er an, denn schließlich sind Sie das Alpha-Tier. Also wird er sich schuldig fühlen und sich auch so benehmen. Genauso kann das tiefe Selbst reagieren, wenn Sie ihm nicht irgendwann klarmachen: „Du bist unschuldig. Du hast nichts getan."

Unschuldig sind Sie auch, wenn Sie nicht so leben möchten, wie jemand anders das gern hätte. Lassen Sie sich durch seine Klagen und Vorwürfe keine Schuldgefühle einreden!

Umgekehrt sollten auch Sie nicht versuchen, anderen Schuldgefühle einzureden, wenn sie Ihnen im Grunde nichts getan haben. Vielleicht tun sie ja nur etwas, das Ihnen nicht gefällt. Hier können Sie sich an die Weisheit des Wassers erinnern und Ihre starren Ansichten aufweichen und loslassen. Freuen Sie sich, dass die Schöpfung so bunt und vielgestaltig ist. Freuen Sie sich an der persönlichen Eigenart des anderen und erkennen Sie das Gute daran. Wenn Ihnen das schwerfällt, dann beten, affirmieren oder visualisieren Sie. Hüten Sie sich aber davor, den anderen mit diesen Methoden ummodeln zu wollen. Es wäre nicht im Sinne der Göttin, denn sie liebt den freien Willen ihrer Geschöpfe.

Möglicherweise kränkt es Sie auch, wenn Sie nicht den Beistand bekommen, den Sie sich wünschen. Hier könnten Sie zunächst einmal schauen, ob Schuld- oder Unwertgefühle verhindern, dass das Gute Sie erreicht. Wenn ja, dann lösen Sie sie auf. Kommen Sie zurück in die Liebe und Freude der Göttin. Das bringt Sie von allein in Resonanz mit anderen, die ebenfalls glücklich sind und Glück verbreiten.

Vielleicht haben Sie Ihre Ansprüche aber auch zu hoch geschraubt. Sie sind kein kleines Kind mehr, das von den Eltern eine Rundum-Versorgung verlangt. Natürlich können Sie in einer partnerschaftlichen Beziehung erwarten, dass der andere Sie nicht verletzt. Außerdem sollten Geben und Nehmen ausgewogen sein. Allerdings muss nicht alles sofort und mit gleicher Münze zurückgezahlt werden. Lenken Sie den Blick auf das, was der andere zu geben hat. Lernen Sie es zu schätzen. Seien Sie dankbar dafür.

Wenn Sie in Ihrer Beziehung weiterhin unzufrieden sind, dann wird vielleicht ein grundlegendes Bedürfnis nicht erfüllt, etwa das nach Zärtlichkeit oder Treue, Respekt oder Anteilnahme. Als Kind der Göttin gebührt es Ihnen. Wenn Sie es von Ihrem Partner oder Ihrer Partnerin nicht bekommen können, dann stellen Sie sich dieser Einsicht. Einen Ochsen kann man nun mal nicht melken. Entscheiden Sie, ob Sie ihn weiter füttern möchten. Und schauen Sie, woher Sie Ihre Milch bekommen.

Sollte in Ihrer Beziehung eine bestimmte Eigenschaft oder Angewohnheit zum Problem geworden sein, dann können Sie miteinander abwägen: Wie sehr macht sie dem einen zu schaffen? Wie viel Mühe hätte der andere, sich zu ändern? Ist das wirklich nötig? Wenn Sie zum Beispiel öfter streiten, weil der eine besonders sparsam ist und der andere gern Geld ausgibt, dann können Sie auch lernen, die gegenteilige Eigenschaft zu schätzen. Erkennen Sie, was für ein tolles Team Sie bilden, wenn Sie gemeinsam die Familienfinanzen verwalten.

Zusammenfassend lässt sich sagen: Schuldgefühle können uns den Weg zur Göttin versperren, und sie entstehen unter Umständen auch dann, wenn von Schuld keine Rede sein kann. Nun wollen wir uns einmal ansehen, wie wir mit echter Schuld umgehen können.

Schuld

Über die Schuldfrage dürften wir uns nicht immer einig werden können, da das ethische Empfinden von Mensch zu Mensch verschieden ist. Die meisten Menschen werden aber darin übereinstimmen, dass in Beziehungen Folgendes nicht in Ordnung ist: körperliche Verletzungen, stehlen, betrügen, lügen, beleidigen, lächerlich machen, üble Nachrede und Vertrauensmissbrauch. Partner/innen können in vernünftigem Rahmen Beistand, Respekt und Anteilnahme erwarten und Kinder die Erfüllung der elterlichen Pflichten.

Haben wir Schuld auf uns geladen, dann gibt es nur einen Weg: Wir müssen die Verantwortung dafür übernehmen. Das beginnt damit, dass wir um Verzeihung bitten. Das fällt nicht immer leicht. Notfalls können wir auch einen Brief schreiben und unsere Motive darin erklären. Vielleicht wollten wir uns selbst oder andere schützen. Oder wir haben das Beste gewollt und uns geirrt. Das sollte aber nicht als Ausrede oder Entschuldigung dienen. Vielmehr bekennen wir ganz klar, dass wir einen Fehler gemacht haben. Außerdem zeigen wir uns willig und bereit, das Unrecht wieder gutzumachen. Wie, darüber muss im Einzelfall verhandelt werden.

Wenn die andere Person bereits gestorben ist, können wir zu ihrem Grab gehen, unsere Schuld bekennen und um Vergebung bitten. Vielleicht können wir auch hier Wiedergutmachung leisten, etwa durch Gebete oder ein gutes Werk.

Im umgekehrten Fall – wenn also wir verletzt worden sind – empfiehlt es sich, zuerst einmal die damit verbundenen Gefühle zu heilen. Sind wir mit uns ins Reine gekommen, sollten wir mit der anderen Person reden. Natürlich können wir das auch in heller Aufruhr oder wenn die Wunden noch heftig bluten. Nur bringt ein solches Gespräch nach meiner Erfahrung herzlich wenig. Besser, wir beruhigen uns erst einmal. Ersprießlicher wird das Gespräch auch, wenn wir die Ich-Form wählen. Statt: „Du hast das-und-das verbrochen", sagen wir besser: „Das hat mir wehgetan. Das macht mir Schwierigkeiten." Sprechen wir von unseren Gefühlen und seien wir offen für das, was der andere zu sagen hat. Manches kommt als Beleidigung an, war aber nie so gemeint.

Sieht der andere seinen Fehler ein, bittet um Entschuldigung und leistet Wiedergutmachung, dann können wir einen neuen Anfang machen. Vorausgesetzt, wir haben es nicht mit einem notorischen Wiederholungstäter zu tun. In jedem Fall sollten wir schauen, dass er sein Verhalten nicht wiederholt.

Nehmen wir an, die Schuld sei auf der menschlichen Ebene ausgeglichen worden durch die Bitte um Entschuldigung und eventuelle Wiedergutmachung. Unabhängig davon können Groll oder Schuldgefühle aber weiter fortbestehen. Darum wollen wir diese nun loslassen und zur Vergebung finden.

Vergebung erlangen

Ganz egal, ob wir Schuld auf uns geladen oder uns das nur eingebildet haben – wenn wir wieder in der Liebe der Göttin leben wollen, müssen wir die Schuldgefühle irgendwann loslassen. Dies geschieht in einem Akt der Vergebung. Dabei nehmen wir den Blick von der äußeren Erscheinung und richten ihn auf das Göttliche in uns. Das heißt, wir sehen uns wieder als unschuldiges und geliebtes Kind der Göttin. Das können wir auch dann, wenn der andere nicht bereit oder fähig ist zu vergeben, selbst wenn wir ihn darum gebeten haben.

Übung: Vergebung finden

Kommen Sie innerlich zur Ruhe und werden Sie sich der Gegenwart der Göttin bewusst.

Sagen Sie: „Liebste Göttin, ich fühle mich schuldig, weil …" *(Beschreiben Sie Ihren Fehler oder die Umstände, die Ihnen Schuldgefühle verursachen.)*

Erlauben Sie sich, sie deutlich zu spüren. Wie genau fühlen sie sich an? Wo im Körper machen sie sich bemerkbar?

Durchleuchten Sie, wie die Schuldgefühle sich auf Ihr Leben ausgewirkt haben. Welchen Einfluss hatten sie auf Ihre Einstellung zu sich und anderen, zu Arbeit, Geld und Vergnügen?

Fahren Sie fort: „Ich habe meine Schuld gebüßt/eingesehen, dass ich unschuldig bin. Ich bin nun bereit, die Schuldgefühle loszulassen. *(Pause.)* Ich gebe sie dir, liebste Göttin. *(Pause.)* Ich lege sie in deine liebenden Hände."

Spüren Sie, wie das Gefühl leicht und durchlässig wird. Lassen Sie die Liebe der Göttin hindurchscheinen.

„Liebste Göttin, deine Augen sind rein. Sie sehen mich als das reine und unschuldige Kind deiner Liebe, das ich in Wahrheit bin und immer war. Lass mich nun mit deinen Augen sehen. Lass mich meine Unschuld sehen. Lass mich wieder ganz in deiner Liebe sein." *(Stille.)*

Beenden Sie das Gebet mit Ihrer persönlichen Geste oder Ihrem Wort.

Möge die Göttin Sie wissen lassen, wie kostbar Sie ihr sind und wie unendlich Sie sie liebt, was immer Sie auch getan haben mögen.

In Fällen echter Schuld ist meist noch dafür zu sorgen, dass wir dasselbe nicht wieder tun, denn wenn wir jemanden verletzt haben, dann bestimmt nicht aus einem Gefühl überströmender Liebe und Freude heraus. Ganz im Gegenteil. Wahrscheinlich waren wir damals nicht besonders glücklich. Möglicherweise leiden wir bis heute unter dieser inneren Not. Diese gilt es nun zu heilen, zum Beispiel durch die grundlegenden Heilübungen für Gefühle im vorigen Kapitel.

Auf diese Weise können wir jederzeit in die Liebe der Göttin zurückkehren. Dort lebt es sich so gut, dass wir immer weniger Lust haben zu verletzen oder zu streiten, weder äußerlich noch in der Form böser Gedanken, denn wir merken: Das trennt uns von der Göttin.

Dasselbe geschieht auch durch Groll über erlittenes Unrecht. Darum sollte es vergeben werden, ganz unabhängig davon, ob die Schuld – wie oben dargelegt – auf der menschlichen Ebene ausgeglichen worden ist.

Vergeben

Jemandem zu vergeben bedeutet: Wir richten den Blick auf sein wahres Wesen, nicht auf die äußere Erscheinung. Wir sagen: „Du bist ein Kind der Göttin, und darum bist du von Natur aus gut." Auch wenn die Person nicht entsprechend gehandelt hat. Wir müssen also nicht gutheißen, was sie getan hat. Wir müssen es auch nicht verstehen, vergessen oder zulassen, dass es wieder passiert. Doch wir sollten unseren Frieden damit machen. Am Ende gelingt es uns sogar, das Gute darin zu sehen.

Das ist oft gar nicht leicht. Überhaupt ist es nicht leicht zu vergeben.

Genau genommen ist es nicht einmal menschenmöglich: Das tiefe Selbst will Rache und das mittlere Gerechtigkeit. Nur das hohe Selbst kann vergeben. Ja, es kann gar nicht anders, denn seine Augen sind rein. Sie sehen nur das Gute, nur den göttlichen Kern. Verschließen wir uns dieser Sicht, dann verschließen wir uns auch vor der Göttin. Wenn wir uns mit ihr verbinden wollen, bleibt uns also gar nichts anderes übrig als zu vergeben. Oder genauer: Wir erlauben, dass die uns innewohnende Göttin vergibt. Und wie? Indem wir uns bereiterklären, den Groll loszulassen. Mehr braucht es nicht. Nur unsere Bereitschaft. Allerdings ist weniger auch nicht genug.

Übung: Vergeben

Kommen Sie innerlich zur Ruhe und werden Sie sich der Gegenwart der Göttin bewusst.

Sagen Sie: „Liebste Göttin. Ich bin böse auf … *(Name der Person)*, weil er/sie …" *(Beschreiben Sie, was Ihnen angetan wurde.)*

Durchleuchten Sie, wie sich das Unrecht auf Ihr Leben ausgewirkt hat.

Fahren Sie fort: „Das Unrecht wiegt so schwer. Ich kann es nicht vergeben. Ich bin so …" *(Beschreiben Sie Ihre Gefühle.)*

Erlauben Sie sich, sie deutlich zu spüren. Wie genau fühlen sie sich an? Wo im Körper machen sie sich bemerkbar?

„Es tut mir gar nicht gut, so böse zu sein. Der Groll vergiftet mein Herz und trennt mich von deiner Liebe. Ich möchte ihn gern loslassen, liebste Göttin. Ja, ich bin bereit dazu. *(Pause.)* Ich gebe ihn dir, liebste Göttin. Ich lege ihn in deine Hände. *(Pause.)* Lass mich Frieden machen mit dem, was war. *(Pause.)* Und hilf mir auch, das Gute daran zu sehen. Lass mich dankbar sein dafür." *(Pause.)*

Spüren Sie, wie der Groll sich in der Liebe der Göttin auflöst.

> „Liebste Göttin, deine Augen sind rein. Sie sehen nur das Gute in ...
> *(Name der Person).* Sie sehen sie/ihn als reines und unschuldiges Kind
> der Liebe, das sie/er in Wahrheit ist und immer war. Lass mich nun
> mit deinen Augen sehen. Lass mich ihre/seine Unschuld sehen. Lass
> mich wieder ganz in deiner Liebe sein." *(Stille.)*
>
> *Beenden Sie das Gebet mit Ihrer persönlichen Geste oder Ihrem
> Wort.*

Bei schweren Verletzungen werden Sie diesen Prozess wahrscheinlich mehrmals durchlaufen müssen. Immer wieder neu müssen Sie spüren, loslassen und Frieden schließen. Doch jedes Mal wird es leichter sein.

Sie können das Vergeben auch durch Affirmationen unterstützen. Zum Beispiel können Sie bejahen: „Ich bin in Frieden." „Ich wünsche ... *(Name der Person)* alles Gute." „Ich bin bereit, das Gute in ... *(Name der Person)* zu sehen."

Wenn Sie immer wieder auf dieselbe Art und Weise verletzt werden, dann hat sich – wie im vorigen Kapitel beschrieben – aus der traumatischen Situation ein negativer Glaubenssatz gebildet. Dieser hält Sie im Opferdrama gefangen und zieht immer wieder ähnliche Menschen und Umstände in Ihr Leben.

Tatsächlich hat die Opferrolle auch ihre verführerischen Seiten: Die anderen sind immer die Bösen, und man muss keine Verantwortung für sein Wohlergehen übernehmen. Auch unbewusste Schuldgefühle können uns im Opfer-Sein gefangen halten: Wir glauben dann, wir hätten nichts Besseres verdient. Hier empfiehlt es sich, die Schuldgefühle bzw. die negativen Glaubenssätze so aufzulösen wie oben und im vorigen Kapitel beschrieben.

So kehren wir immer wieder zur reinen Sicht zurück und sehen das Göttliche in uns und anderen. Dann kann es auch zum Vorschein kommen und auf göttliche Weise lieben.

Die Liebe der Göttin

Das tiefe Selbst liebt, wenn und weil es etwas braucht: Es will seine sinnlichen Bedürfnisse befriedigt haben. Es will Anerkennung und Bestätigung. Ihm geht es vor allem um sein eigenes Wohl. Verdammen wir es deswegen nicht, denn auf diese Weise versucht es unsere körperliche Existenz zu erhalten.

Das mittlere Selbst dagegen liebt nicht nur sich selbst, sondern ist um Ausgleich bemüht. Das heißt: Es gibt in dem Maße, wie es bekommt. Dabei kann es durchaus fair und wohlmeinend sein. Allerdings fragt es sich dabei immer: „Was bringt mir das?" Auch das kann auf der menschlichen Ebene durchaus berechtigt sein.

Das hohe Selbst dagegen liebt ganz einfach. Ohne weil. Es liebt bedingungslos und aus reiner Freude am Lieben, denn das ist seine Natur.

Unendlich groß ist die Liebe der Göttin, und wir bekommen sie umsonst und frei Haus. Wir müssen sie uns nicht verdienen. Wir brauchen nur unser Herz zu öffnen. Schon füllt es sich bis zum Rand mit göttlicher Liebe, die nur eines will: sich verströmen.

Auf welche Weise, das ist individuell verschieden. Manche Menschen entwickeln sich ganz einfach zu angenehmeren Zeitgenossen: Sie werden freundlicher und hilfsbereiter, fröhlicher und geduldiger, dankbarer und verständnisvoller. Sie sagen anderen gern was Nettes, hören aufmerksam zu oder stehen ihnen zur Seite. Andere wiederum werden kreativer und gehen mutig neue Wege. Wieder andere haben Erfolg mit dem, was ihnen zu tun bestimmt ist.

Dabei werden wir auf unserem ureigenen Weg geführt. Ein Weg, auf dem wir das innewohnende Göttliche mehr und mehr entdecken und leben können. Nicht nur zu Hause und im Freundeskreis, sondern auch bei der Arbeit.

7. Arbeiten

Arbeiten ist was Wunderbares. Sie wählen etwas, das Sie gut können und gerne tun, und machen sich damit vertraut. Sie haben Freude an Ihrer Tätigkeit und machen diese Welt damit zu einem schöneren und freundlicheren Ort. Dabei lernen und wachsen Sie und mit Ihnen wachsen auch Ihre Möglichkeiten und Fähigkeiten.

Das klingt alles so einfach, doch der Weg dahin kann lang und gewunden sein. Darum erfahren Sie hier, wie Sie Ihren Beruf – Ihre Berufung – finden, in Ihren Alltag einflechten und schließlich mit und durch die Göttin leben können.

Eine Vision fürs Leben finden

Wenn Sie noch keinen blassen Schimmer haben, wo es für Sie langgeht, dann gibt es viele Möglichkeiten, Ihren Weg zu finden. Nicht nur in jungen Jahren, wenn Sie vor der Berufswahl stehen, sondern auch nach Umbrüchen, zur Gestaltung der Familien- oder Ruhestandsphase.

Zum Beispiel können Sie – wie in Kapitel III-3 beschrieben – eine Visionsreise machen. Sie können auch in der Meditation still in sich hineinfragen: „Was will ich? Was will ich wirklich? Was ist die Sehnsucht meines Herzens?" Oder Sie beobachten sich im Alltag und erleben unmittelbar, was Ihnen Freude macht. Gehen Sie dann weiter in die Richtung. Die Göttin möchte, dass Sie glücklich sind. Helfen Sie ihr dabei.

Selbstverständlich können Sie sich auch im Gebet von ihr inspirieren lassen. Allerdings wird sie Ihnen kaum sagen: „Du musst das und das tun." Natürlich wird sie Ihnen dezente Hinweise geben, Sie mit sanfter Stimme zu Ihrem Glück einladen und entsprechende Türen öffnen. Doch sie wird Sie niemals zwingen oder unter Druck setzen. Schließlich hat sie Sie nicht als Gummi-Entchen geschaffen, sondern mit einem Kopf zum Denken und einem Herzen zum Fühlen. Also gebrauchen Sie beides wohl und ausgiebig.

Hierzu können Sie in Ihrer Fantasie verschiedene Alternativen durchspielen und dabei in Ihr Herz hineinspüren. Wann öffnet es sich? Wann wird es hell und weit darin? Wann singt es vor Freude? Das ist der Weg, der Sie zur Göttin führt; der Weg, auf dem Sie ihr am besten dienen können. Hierzu können Sie auch nach Ihren Stärken fragen: Was liegt Ihnen? Was können Sie gut? Was fällt Ihnen leicht? Dabei sollten Sie sich nichts vormachen. Seien Sie ehrlich mit sich. Wenn Sie sich nicht gut einschätzen können, absolvieren Sie entsprechende Tests oder fragen Menschen, die Sie kennen.

Erforschen Sie auch die Motive, die Sie mit einem bestimmten Beruf oder einer Tätigkeit liebäugeln lassen. Suchen Sie Ruhm und Ansehen? Möchten Sie viel Geld verdienen? Streben Sie in erster Linie nach Sicherheit? Das ist durchaus in Ordnung. Nur sollte es nicht ausschlaggebend sein und entsprechend behandelt werden.

Wenn Sie zum Beispiel vor allem nach Sicherheit streben, dann wissen Sie: „Aha, tief in mir gibt es also Existenzängste." Fühlen Sie Ihre Angst bis in die letzte Faser Ihres Herzens. Dann übergeben Sie sie der Göttin und bitten sie um Kraft und Mut. Unterstellen Sie sich ihrem Schutz und ihrer Liebe. Dann sind Sie immer auf der sicheren Seite, denn egal, was nun kommt, Sie werden es leicht und freudig tragen können.

Geht es Ihnen dagegen um Ruhm und Ansehen, dann bedeutet das: Sie fühlen sich nicht genug respektiert. Auch dieses Gefühl kann sich in der Liebe der Göttin verwandeln. Danach wird Ihnen klarer sein, ob Sie das, was Sie vorhaben, auch von Herzen wollen.

Möglicherweise beugen Sie sich damit auch nur den Wünschen Ihrer Mitmenschen. Vielleicht wollen Sie es ihnen nur recht machen. Das ist nicht der Stoff, aus dem Visionen sind. Überprüfen Sie noch einmal die Art Ihrer Beziehungen und fragen dann weiter nach etwas, das Sie lieben und womit Sie Ihren Beitrag leisten können.

Irgendwann fällt Ihnen ganz sicher etwas ein, aber ...

Ja, an der Stelle schießen die Abers wie Pilze aus dem Boden. Gerade wir Frauen tun uns manchmal schwer damit, unsere Träume zu leben, denn unsere Leistungen werden oft herabgewürdigt, und wir werden nicht ermutigt, unsere Großartigkeit zu zeigen. Ganz im Gegenteil. Darum ist das weibliche Göttliche für uns so heilsam: Hier sehen wir etwas Starkes, Weises, Liebevolles – und es ist weiblich. Mit ihm und durch es wird alles möglich. Vielleicht nicht von heute auf morgen. Doch auch viele kleine Schritte führen zum Traum.

Die Vision in den Alltag einflechten

Wie immer beginnen Sie haargenau dort, wo Sie gerade stehen. Vielleicht schauen Sie sich hier einmal um.

Ist da nichts als Unzufriedenheit mit der jetzigen Situation? Schimpfen Sie oft auf die Umstände, unter denen Sie jetzt leben und arbeiten müssen? Das hilft leider gar nicht weiter. Ganz im Gegenteil. Damit geben Sie den verhassten Umständen nur noch mehr Energie, sodass sie sich noch länger in Ihrem Leben halten können.

Besser, Sie kümmern sich erst einmal – wie beschrieben – um die negativen Gefühle. Sehen Sie das Gute an dem, was jetzt ist.

Seien Sie dankbar dafür. Lieben Sie das, was ist. Dann können Sie es auch verändern.

Meist beginnt es damit, dass sich Ihre Wahrnehmung verändert. Auf einmal sehen Sie, was Sie schon jetzt für Ihre Vision tun können, und Sie beginnen, einen Aspekt Ihres Traumes in Ihre Freizeit oder gar in Ihren Arbeitsalltag einzuflechten. Wenn Sie beispielsweise in einer Bäckerei arbeiten und sich gern künstlerisch betätigen möchten, dekorieren Sie doch mal den Laden besonders hübsch. Wenn Sie Buchhalterin sind und gern in der Natur arbeiten möchten, schaffen Sie eine grüne Oase an Ihrem Arbeitsplatz.

Sie können auch für entsprechende Ideen beten:

Übung: Gebet um Ideen

Liebste Göttin, ich möchte so gern … Ich liebe es ganz einfach, das zu tun. Und ich bin wirklich gut darin. Es wäre eine fantastische Möglichkeit, deine Liebe, Kraft und Weisheit hier auf die Erde zu bringen. Nur leider weiß ich nicht, wie ich es anfangen soll. Bitte zeige mir den Weg. *(Pause.)* Lass mich offen sein für das, was ich jetzt tun kann. *(Pause.)* Bitte hilf mir auch zu erkennen, wenn du etwas anderes, Besseres für mich vorgesehen hast. *(Stille.)*

Beenden Sie das Gebet mit Ihrer persönlichen Geste oder Ihrem Wort.

Mit der Zeit wird die Insel Ihres Traumes wachsen. Neue Möglichkeiten tun sich auf. Neue Türen öffnen sich.

Allerdings kann es auch hier zu dem bereits angesprochenen Phänomen der Erstverschlimmerung kommen. Vielleicht schnappt Ihnen dann jemand anders den ersehnten Job vor der Nase weg. Ein Zeichen, dass für Sie noch etwas Besseres in Aussicht ist. Nun können Sie beten:

Selbstverständlich können Sie auch affirmieren: „Meine Vision entfaltet sich." „Die Göttin ebnet meinen Weg." „Ich bin offen und bereit für das Gute, das die Göttin in mein Leben bringen will."

Wenn Sie gern visualisieren, dann können Sie sich vorstellen, Sie würden tun, was Sie gern tun möchten. Versetzen Sie sich mit allen Sinnen und Gefühlen in die ersehnte Situation. Danach übergeben Sie Ihren Wunschfilm der Göttin, auf dass sie Ihre Träume wahr werden lasse. Natürlich mit Ihrer tatkräftigen Unterstützung, das heißt, Sie legen sich nicht auf die faule Haut, sondern tun, was immer Sie jetzt tun können.

Achten Sie dabei auch auf Ihre Gefühle. Vielleicht bereitet es Ihnen insgeheim Kummer, dass Sie noch längst nicht da sind, wo Sie gern sein möchten. Das ist nur zu menschlich und verständlich. Und das darf auch sein. Allerdings sollte es nicht so bleiben. Kümmern Sie sich um das Gefühl. Lassen Sie es sich wandeln in der Liebe der Göttin. Dann können Sie das Beste aus der Situation machen.

Mit der Zeit leben Sie mehr und mehr in der Freude und der Liebe der Göttin. Nun können Sie auch damit leben, dass nicht immer alles so ist, wie Sie es gern hätten. Dennoch pflegen Sie Ihren Traum im Herzen und vertrauen darauf, dass sich alles zum Besten entfaltet. Rückschläge machen Sie dann nur stärker, und Sie wissen: Jedes Nein bringt mich dem letztendlichen Ja nur näher.

Dabei müssen Sie nicht stur an einem einmal gefassten Plan festhalten. Beim Visualisieren oder bei den ersten Schritten zur Umsetzung enthüllen sich womöglich Schattenseiten, die Sie so nicht akzeptieren können. Seien Sie dann flexibel genug, Ihre Pläne zu ändern. Öffnen Sie sich für einen Weg, Ihren Traum so zu leben, wie es Ihnen und dem Rest der Welt am besten bekommt.

Die Vision leben

Mit der Zeit entfaltet sich Ihre Vision mehr und mehr in Ihrem Leben. Das bedeutet aber nicht, Sie könnten die Göttin jetzt in Rente schicken. Ganz im Gegenteil. Mit ihr arbeitet es sich noch mal so schön.

Die Göttin schenkt Ihnen Ideen, Kraft und Begeisterung. Mit ihr handeln Sie freudig, leicht und in der Gewissheit: Alles ist wohl getan. Dabei fühlen Sie sich völlig frei darin, der Welt Ihre Talente und Fähigkeiten zu schenken. Sie arbeiten also nicht (nur) für Geld oder unter dem Druck, eine bestimmte Leistung zu erbringen. Vielmehr ist es Ihnen eine Ehre und ein Vergnügen, wenn Sie nützlich sein und Ihr Bestes geben können.

Etwaige Sorgen oder Schwierigkeiten können Sie getrost in die Hände der Göttin legen. Und wenn etwas nicht so läuft, wie Sie es gerne hätten, dann dürfen Sie darauf vertrauen, dass sie gerade etwas noch viel Schöneres für Sie vorbereitet.

Mehr und mehr werden Sie auch durch die göttliche Stimme der Intuition geführt. Diese können Sie allerdings nur hören, wenn Sie sich zur Wahrhaftigkeit erzogen haben, denn Lügen-

schichten, Übertreibungen und unnötige Ausschmückungen iso-
lieren Sie von der Stimme der Wahrheit. Bleiben Sie schlicht bei
den Tatsachen. Auch in Ihren inneren Monologen.

Wollen Sie Ihre Intuition befragen, dann verfahren Sie so
ähnlich wie beim Orakel (siehe Kapitel III-2): Sie klären Ihre
Frage rational ab und bringen die beteiligten Gefühle ins Reine,
stellen die Frage und lauschen in innerer Stille auf die Antwort.

Still, sehr still müssen Sie dann sein, denn die Stimme der Intuition spricht sanft und leise, ganz ohne Druck. Vieles ist auch
völlig neu und ungewohnt. Sie müssen schon den Autopiloten
ausschalten, wenn Sie eine neue Denk- und Fühlrichtung ein-
schlagen wollen.

Oft sehen Sie auch nur den nächsten Schritt. Dann braucht
es großes Vertrauen, ihn auch zu tun, damit sich nach und nach
der große Plan entfalten kann.

Wenn Sie auf diese Weise mit und für die Göttin arbeiten,
vergilt sie es Ihnen tausendfach mit ihrer Liebe. Auch auf der
menschlichen Ebene dürften Sie angemessen entlohnt werden,
denn im Reich der Göttin gleichen Geben und Nehmen sich beständig aus.

8. Geben und Nehmen

In der Natur können wir beobachten, wie alles fließt und sich
beständig ausgleicht. Das ist auch gut so. Hätten wir immer
nur Flut oder würde sich der Rhein nicht mehr ins Meer ergie-
ßen, dann wäre ganz Deutschland bald eine einzige Badeanstalt.
Würde es dagegen niemals regnen, hätten wir hier eine Wüste,
und die Sonne würde für uns nicht mehr scheinen, weil alles
Wasser in dicken Wolken am Himmel hängen bleibt.

Auch der Atem fließt und gleicht sich beständig aus. Würden wir immer nur Luft nehmen, dann würden wir platzen. Der gegenteilige Versuch wäre ähnlich ungesund.

Geben und Nehmen sind also gleichermaßen wichtig und notwendig. Sie ergänzen einander und in gewissem Sinne sind sie sogar ineinander enthalten. Das wollen wir uns nun genauer ansehen.

Nehmen

Solange die Rechte und der freie Wille von anderen nicht verletzt werden, können wir ganz ungeniert nehmen. Die Göttin will uns ja an ihrer Fülle teilhaben lassen. Helfen wir ihr dabei. Machen wir uns zugänglich, indem wir die zuvor gelernten Methoden anwenden.

Möglicherweise müssen vorher noch bestimmte Vorarbeiten geleistet werden. Zum Beispiel könnte ein unbewusster Schuldkomplex uns glauben machen, wir hätten nichts Gutes verdient. Dann lösen wir ihn auf. Plagen uns Ängste, Sorgen oder Mangelgefühle, so kümmern wir uns darum und kehren zurück in die Liebe und Freude der Göttin. Das ist überhaupt das Allerwichtigste: jetzt glücklich sein. Sind wir es nicht hier und jetzt, dann werden wir es auch im Paradies nicht sein. Ja, wir würden nicht einmal merken, dass wir darin leben, weil wir uns zu sehr ans Unglücklichsein gewöhnt haben.

Kombinieren wir nun alle drei Methoden und integrieren die nötige Vorarbeit, haben wir sogleich ein universelles und umfassendes Bittgebet. Wo immer der Schuh drückt oder was immer Sie sich wünschen, dieses Gebet kann Ihnen helfen.

Übung: Ein universelles Bittgebet

Liebste Göttin, bitte sei jetzt mit mir. Lass mich deine segensreiche Gegenwart spüren. *(Warten Sie, bis Ihr Herz sich öffnet, sodass die Liebe und Freude der Göttin einströmen kann.)*

Ja, du bist da. Du bist mit mir. Und du willst mich glücklich sehen. Doch in mir gibt es noch immer Ansichten und Gefühle, die mich von deiner Liebe trennen. *(Beschreiben und fühlen Sie sie.)* Das alles lasse ich nun los. *(Legen Sie es in die liebenden Hände der Göttin.)*

Bitte gib mir auch die Kraft zu vergeben. Mir selbst und allen, die mir wehgetan haben. *(Spüren Sie Groll und Schuldgefühle – falls vorhanden – und lassen Sie sie dann los.)*

So gereinigt und erneuert kann sich auch mein Herzenswunsch erfüllen: Ich möchte so gerne ... *(Beschreiben Sie, was Sie sich wünschen, und stellen Sie es sich bildlich vor.)* Nun ist es ins Dasein gekommen und entfaltet sich in meinem Leben. Dies oder etwas Besseres. *(Bekräftigen Sie mit einer geeigneten Affirmation, dass das Gewünschte jetzt da ist. Lassen Sie Freude aufkommen.)*

Bitte lass mich wissen, was ich jetzt dazu tun kann. *(Warten Sie auf die entsprechende Inspiration.)*

Nun lege ich alles in deine liebenden Hände. *(Lassen Sie den Wunsch vollkommen los. Hierzu können Sie ihn in das Allerinnerste Ihres Herzens ziehen oder in den Himmel senden. Oder Sie stellen sich vor, Sie übergeben der Göttin ein Symbol des Gewünschten.)* Ich vertraue darauf, dass sich alles zum Guten wendet.

Danke, dass du mich gehört hast.

Ich bin in Frieden. *(Stille.)*

Beenden Sie das Gebet mit Ihrer persönlichen Geste oder Ihrem Wort.

Vielleicht ertappen Sie sich später dabei, dass Sie immer wieder an das Gewünschte denken und darüber spekulieren, wann es denn nun endlich eintreten wird. Oder es kommen Gefühle des Mangels, Ärgers oder Bedauerns auf, weil es noch immer nicht eingetroffen ist. In dem Fall haben Sie den Wunsch nicht wirklich losgelassen. Anzeichen hierfür wären der Friede des Herzens und die Freude an dem, was jetzt ist. Sie fühlen, dass Sie alles haben, was Sie brauchen. Eigentlich könnten Sie Ihren Herzenswunsch sogar vergessen. Wenn Sie ihn erfüllt wissen möchten, dann nur, weil Sie damit mehr Gutes tun könnten. Das heißt: Sie sind mehr aufs Geben eingestellt.

Sich zu einer solchen Haltung durchzuringen fällt nicht leicht, wenn das Gewünschte uns sehr am Herzen liegt. Andererseits wollen wir für Unwichtiges auch keine Zeit und Energie verschwenden. Beides ist auf der menschlichen Ebene nun mal begrenzt. Wir können nicht gleichzeitig zehn Kindern eine liebevolle Mutter sein, einen Lebensmittelkonzern leiten und über die semikristalline Morphologie in dünnen Schichten von Poly(3-Hexylthiophen) eine Doktorarbeit schreiben.

Das bedeutet: Wir müssen Prioritäten setzen. Dabei sollten wir der Göttin den Vorrang geben.

Geben

Sind wir mit der Göttin verbunden, dann leben wir in der Fülle und fühlen uns unsagbar reich. Dann geben wir aus reiner Freude am Geben. Dabei sind wir völlig frei und geben mit Respekt vor der Göttin im anderen und jener Weisheit, die uns das Richtige zur richtigen Zeit geben lässt.

Frei heißt: Wir geben nicht etwa, weil wir Angst vor der Hölle haben, weil wir so erzogen wurden oder „man" das so macht. Wir fühlen uns auch nicht gedrängt von einer unterschwelligen Gier, die alles hundertfach vergolten haben will. Wir leben ja in der Fülle und müssen darum nicht geben, um zu bekommen. Vielmehr geben wir, weil das unserer wahren Natur entspricht.

Beim Geben respektieren wir die Göttin im anderen, auch in Hilfsbedürftigen. Wir sehen sie also nicht als arm und uns als reich und edel an. Die Göttin wohnt ja auch in ihnen. Bleiben wir uns ihrer beim Schenken bewusst, dann können die anderen sich ebenfalls auf sie besinnen und ihre Würde bewahren. Tatsächlich wollen wir ja auch niemanden an den Tropf unserer Zuwendungen hängen, sondern eher Hilfe zur Selbsthilfe geben. Somit kann auch der andere eines Tages seine tiefste Sehnsucht stillen und als Gott oder Göttin leben statt als armes Opfer.

Darum werden wir beim Schenken auch unsere Weisheit walten lassen. Die leise Stimme der Intuition kann uns sagen, was angebracht ist oder was der anderen Person jetzt richtig guttun würde. Das muss nichts Materielles sein. Davon haben die meisten Menschen hierzulande meist genug. Was ihnen oft fehlt, ist ein Lächeln, ein offenes Ohr oder ein gutes Wort. Auch Gebete und Segenswünsche können sehr hilfreich sein.

Die innere Weisheit kann uns aber nicht nur sagen, was wir geben sollten, sondern auch wem und wie viel, damit es allen Beteiligten zum Guten gereicht. Zum Beispiel sollte in gesunden, partnerschaftlichen Beziehungen das Geben und Nehmen auf Dauer ausgeglichen sein. Werden die Geschenke des anderen als zu klein empfunden, dann können wir uns in Dankbarkeit üben und fühlen uns reich beschenkt. Und wenn wir in der göttlichen Gegenwart schenken, dann geschieht das so leicht und freudig, dass wir uns dabei selbst beschenkt vorkommen.

Sogar beim Bezahlen dürfen wir uns beschenkt fühlen. Da wir unser Geld sowieso hergeben müssen, können wir es genauso gut auch gerne tun. Also gönnen wir es dem Empfänger von Herzen und wünschen ihm alles Gute damit. Dann kommt Freude auf und wir bezahlen im Geist der Göttin.

Selbstverständlich können wir ihr auch direkt was schenken, indem wir zum Beispiel den sogenannten Zehnten geben, wie das in einigen spirituellen Traditionen empfohlen wird. Dabei spenden wir unserer spirituellen Quelle zehn Prozent unseres Bruttoeinkommens, das heißt, wir geben es der Person, Gruppe oder Organisation, die uns spirituell nährt. Wir können unseren Zehnten auch in Form von Zeit, Wissen oder Können spenden.

Es darf auch gern ein bisschen mehr sein. Sagen wir, so an die hundert Prozent. Ja, wir können der Göttin unser ganzes Leben weihen und tun dann alles ihr zuliebe. Wie Bruder Lorenz, der glücklich war, wenn er Gott zuliebe auch nur einen Strohhalm aufheben konnte.[5]

Wenn es Ihnen schwerfällt zu geben, dann können Sie an Ihrer inneren Haltung arbeiten.

Übung: Geben

Kommen Sie in eine aufrechte und entspannte Sitzhaltung, stillen Sie Ihren Geist und stimmen Sie sich auf die Gegenwart der Göttin ein. Stellen Sie sich vor, Sie würden ihr Ihre Besitztümer geben. Eins nach dem anderen. Geben Sie alles weg. Auch wenn es Ihnen schwerfällt.

Spüren Sie, wie Sie sich immer freier fühlen.
Spüren Sie die reine Freude im Allerinnersten Ihres Herzens.

Nehmen, weil wir geben wollen; geben und uns beschenkt fühlen – so gleichen Geben und Nehmen sich beständig aus, bis beides kaum mehr voneinander zu unterscheiden ist. Dasselbe geschieht mit den „Gegensätzen" arbeiten und feiern. Da wird die Arbeit zum reinsten Vergnügen und wir nehmen das Feiern so ernst, dass wir gern ein wenig Mühe darauf verwenden.

---

5   Bruder Lorenz: „Allzeit in Gottes Gegenwart". Neufeld Verlag, Schwarzenfeld 2005, siehe Literaturhinweis.

9. Feiern

„Singt, feiert, tanzt, musiziert und liebt euch, alles in meiner Gegenwart, denn mein ist die Ekstase des Geistes und mein ist auch die Freude auf Erden", sagt die Sternengöttin. „Verehrt mich jauchzenden Herzens, denn siehe, alle Akte der Liebe und Freude sind meine Rituale."[6]

Der Göttinnen-Weg ist also keine bierernste Angelegenheit. Ganz im Gegenteil. Die Göttin freut sich, wenn wir feiern, seien es nun die persönlichen oder die traditionellen Feste unserer Kultur, welche sich – mit Ausnahme von Silvester – ebenso am Naturgeschehen orientieren wie die heidnischen Feste.

Persönliche Feste

Wenn Sie zum Geburtstag eingeladen sind, können Sie sich mit den anderen Gästen dazu verabreden, dem Geburtstagskind ein Göttinnen-Fest zu schenken. Wie Sie es gestalten wollen, bleibt Ihrer Fantasie und Kreativität überlassen. Hier einige Anregungen:

Übung: Geburtstag feiern

Der/die Zeremonienmeister/in zieht den Schutzkreis mit den Worten:

„Ich ziehe diesen Kreis.
Nur Gutes kommt herein.
Nur was uns heilt und nährt,
uns Lieb und Freud beschert."

---

6 Aufruf der Sternengöttin in der Formulierung von Starhawk, autorisierte Übersetzung von Donate Pahnke McIntosh in „Die zwölf wilden Schwäne", Seite 463–464, siehe Literaturhinweis.

Nun können einzelne Gäste die Göttinnen der Himmelsrichtungen einladen und bitten, dem Geburtstagskind ihre Gaben darzubringen, beispielsweise Schwung und gute Ideen aus dem Osten, Begeisterung für eine bestimmte Unternehmung aus dem Süden, Weisheit aus dem Westen und stabile Gesundheit aus dem Norden. Je genauer Sie die Gaben und die guten Wünsche auf das Geburtstagskind zuschneiden, desto mehr wird es sich freuen.

Sie können sich auch dafür entscheiden, es zu ehren. Dann loben Sie die Art, wie es die Kräfte der einzelnen Himmelsrichtungen zu leben versteht. Je genauer Sie die Taten und Eigenschaften der geehrten Person beschreiben, desto besser. Vielleicht möchten Sie ihr auch Ihren Dank aussprechen. Ist sie schon etwas reifer, können Sie sie auch dafür loben, wie sie ihre einzelnen Lebensphasen gelebt hat und noch lebt.

Je nach Begabung können auch selbst verfasste Gedichte vorgetragen oder Lieder gesungen, Filme gezeigt oder Bilder ausgestellt werden. Lob und Dank sowie gute Wünsche können auch in Form eines Albums überreicht werden. Hier können die Gäste je eine Seite gestalten mit Fotos, Gedichten, Zeichnungen und dergleichen.

Wenn es Ihnen passend erscheint, kann der/die Zeremonienmeister/in die Teilnehmer/innen nun anleiten, in der Meditation den heiligen Raum zu öffnen. Die Anwesenden spüren dann in ihre Wurzeln hinein und senken sie tief hinab bis in das warme Herz von Mutter Erde. Dann lassen sie ihre Kraft nach oben strömen, bis sie den Himmel berührt, sodass die Himmelsenergie als ein Regen des Segens herabströmen kann.

Schließlich darf auch die Göttin nicht fehlen. Sie können sie mit einem Lied einladen oder ein Gebet sprechen. Zum Beispiel kann einer der Gäste beten: „Liebste Göttin, bitte sei jetzt mit uns. Lass uns deine Gegenwart spüren. Berühre uns mit deinem Licht und deiner Liebe. *(Warten Sie, bis ihre Anwesenheit fühlbar wird.)* Wir danken dir, dass du … *(Name des Geburtstagskindes)* ins Dasein gerufen hast und sie/ihn trägst und nährst. Bitte lass sie/ihn deine Liebe spüren und in deiner Freude leben. Segne und schütze sie/ihn auf allen Wegen."

Vielleicht fügen Sie auch noch das Schutzgebet hinzu:

„Das Licht der Göttin umgibt dich,
ihre Liebe umhüllt dich,
ihre Macht beschützt dich,
ihre Gegenwart wacht über dich.
Wo immer du bist, da ist auch sie."[7]

Nachher bekräftigen die Anwesenden: „Wir lieben dich, wir segnen dich und sehen die Göttin in dir."

Nun können Sie zum gemütlichen Teil übergehen: Der/die Zeremonienmeister/in bittet die Göttin um ihren Segen für die Speisen und Getränke, es wird geschmaust, erzählt und gelacht, gesungen und getanzt.

Am Ende verabschieden die Anwesenden sich von der Göttin und den Kräften und lösen den Kreis wieder auf:

„Wir öffnen diesen Kreis
und sagen Dank und Preis
für all das Gute, Schöne,
das uns hier begegnet.
Nun geh'n wir unsrer Wege,
fröhlich und gesegnet."

Auf ähnliche Weise können Sie auch die Geburt eines Neugeborenen feiern. Unterstellen Sie es dem Segen der Göttin, auf dass es seine Talente entfalten und alle Herausforderungen glorreich bestehen möge. Möglicherweise wollen Sie auch die „Geburt" einer neuen Unternehmung auf diese Art zelebrieren.

Auf Hochzeiten tanzt die Göttin besonders gern, denn Liebe und Freude sind ihre ureigenste Natur. Mit dem größten Vergnügen segnet sie die neue Verbindung, auf dass sie fruchtbar werde und neues Gutes in die Welt bringen möge. Hierzu können auch die Himmelsrichtungen beitragen. Sie schenken frische

---

7   Aus „Das Buch des stillen Gebets" der Unity School of Christianity, Seite 58, siehe Literaturhinweis. Im Original heißt es: Das Licht Gottes umgibt mich, die Liebe Gottes ...

Ideen zur Gestaltung des gemeinsamen Lebens, Begeisterung und Leidenschaft füreinander, das Loslassen von starren Ansichten, wie der andere zu sein habe, und ein stabiles Fundament, wie es durch ein Treuegelöbnis geschaffen werden kann. Wahlweise können die neu Verbandelten einander auch loben und Gott und Göttin im anderen ehren.

Schön ist es auch, mit der Göttin das alte Jahr zu verabschieden und das neue zu begrüßen.

Eine weitere gute Gelegenheit für ein Göttinnen-Fest ist der Eintritt in eine neue Lebensphase, zum Beispiel mit Beginn der Periode oder beim Eintritt in den Stand der weisen Alten. Freuen Sie sich auf das Schöne, das diese Phase Ihnen eröffnet, und rufen Sie die Göttin an, damit Sie sie in Liebe, Freude und der Kraft Ihrer weiblichen Würde ausfüllen können. Vielleicht verbinden Sie sich auch mit einer Göttinnen-Gestalt, die die entsprechende Phase verkörpert.

Doch nicht nur am Anfang und in der Mitte begleitet uns die Göttin. Sie ist auch da, wenn etwas zu Ende geht, zum Beispiel bei Trennungen und Pleiten. Und bei Beerdigungen können wir die/den Verstorbene/n ehren und dem Schutz und der Liebe der Göttin unterstellen.

Traditionelle Feste

Mit der Göttin die Feste des Jahreskreises zu feiern ist etwas Wunderschönes.

Ein Weihnachtsfest können wir damit beginnen, dass wir den heiligen Raum völlig abdunkeln. Erleben wir die Dunkelheit als den göttlichen Urgrund, das ursprüngliche Chaos und den fruchtbaren Mutterschoß, dem Sein und Nicht-Sein entsprang.

Ehren wir das Dunkel und erinnern wir uns, wie sich über Nacht Probleme lösen oder Kräfte zu ihrer Überwindung wachsen können. Aus dem Nicht-Wissen und Nicht-Denken kommen oft die besten Ideen, und die schwersten Krisen ziehen oft die wunderbarsten Heilkräfte an. Wie aus dem Nichts erscheint dann ein neues Licht.

Dies wollen wir nun feiern, indem wir eine Kerze anzünden.

Eine kleine, schwache Kerze nur. Eine winzige Flamme in diesem Ozean der Dunkelheit. Doch das Dunkel kann es nicht löschen. Das Licht der Göttin ist erschienen. Es möchte in und durch uns wirken, um diese Welt heller und freundlicher zu machen.

Darum zünden wir an diesem ersten Licht nun weitere Kerzen an. Wenn Sie einen Weihnachtsbaum aufgestellt haben, können Sie nun auch diesen anzünden. (Dieser Brauch stammt übrigens aus heidnischer Zeit.) Und dann feiern wir mit Gebeten, Liedern und Gedichten. Natürlich wollen wir einander auch eine Freude machen und uns beschenken.

Die Wintersonnenwende, die sich auf der Nordhalbkugel um den 21. Dezember vollzieht, wurde mit ziemlicher Sicherheit schon von den Steinzeitmenschen gefeiert. Von den Germanen ist es bekannt. Wahrscheinlich wartete man nach der Sonnenwende noch etwas ab, um zu sehen, ob das Licht tatsächlich wachsen würde. Darum feierte man vermutlich an den Tagen, die die Kirche später für ihr Weihnachtsfest ausgewählt hat.

Aller Voraussicht nach feierten die Steinzeitmenschen auch schon die Tagundnachtgleichen, im Frühjahr also um den 21. März herum. Die Germanen widmeten diesen Tag möglicherweise der Göttin Ostara. Die Kirche begeht um diese Zeit ihr Osterfest.

Allgemein sind Frühlingsfeste sehr beliebt. Nun endlich werden die Tage länger als die Nächte. Die Natur erwacht aus ihrem Winterschlaf und feiert Auferstehung.

Das zarte Licht der Göttin, das in der Weihe-Nacht entzündet wurde, hat sich nun zu seiner vollen Kraft entfaltet. Nun endlich können wir ihr segensreiches Wirken spüren. Nun endlich ist die Göttin ganz erwacht, und wir können mit ihr ein neues Leben beginnen.

Dies können wir einige Monate später zur Sommersonnenwende (etwa am 21. Juni) mit einem Freudenfeuer feiern, und zur Herbst-Tagundnachtgleiche (etwa am 23. September) sagen wir Dank für reiche Ernte.

Heidnische Feste

Wenn Sie sich zu keltischen oder neuheidnischen Traditionen hingezogen fühlen, dann können Sie auch deren Hochfeste feiern.

Samhain (31. Oktober–1. November, christlich Allerheiligen) war ursprünglich das keltische Neujahrsfest. An dem Tag wurde aber auch der Toten gedacht und man entzündete Schutzfeuer, um die Geister zu bannen, denn in dieser Nacht – so heißt es – stehen die Tore zum Jenseits offen.

Imbolc (1.–2. Februar, katholisch Mariä Lichtmess) gilt als Fest der Reinigung, des Lichtes und der Inspiration. Es ist der Göttin Brigid geweiht.

An Beltane (30. April–1. Mai, Walpurgisnacht) werden Maifeuer entzündet, und man lobpreist die Fruchtbarkeit der Göttin und ihre Vereinigung mit ihrem Liebsten. Der Bezug zur Sexualität hat sich übrigens auch in der deutschen Tradition des Maibaums gehalten: Er gilt als Phallussymbol.

Lughnasadh (1.–2. August) wird zur Zeit der ersten Ernte gefeiert, ein Fest der Fülle und des Überflusses. Hier werden der Göttin Opfergaben gebracht, und man bittet sie um reiche Ernte.

Zusätzlich können Sie noch die Mondphasen zelebrieren und sich damit in den ewigen Rhythmus des Werdens und Vergehens einschwingen.

Vielleicht hat „Ihre" Göttin auch einen besonderen Ehrentag. Oder Sie feiern an den Jahrestagen, da Sie sie gefunden haben, Ihr ganz persönliches Göttinnen-Fest. Vielleicht möchten Sie ihr dann etwas schenken. Oder Sie können für sie etwas malen oder dichten, singen oder tanzen. Möglicherweise haben Sie auch ein besonderes Talent, den Raum schön zu gestalten oder einen Göttinnen-Kuchen zu backen. Was immer Sie für die Göttin tun, ist wohl getan. Geben Sie Ihr Herz hinein und weihen Sie es ihr. Eine größere Freude können Sie ihr nicht machen.

Mit der Göttin gibt es immer viel zu feiern. Mit ihr wird jeder Tag ein Fest. Zu jeder Stunde können wir ihr Licht in unserem Herzen anzünden und zu voller Kraft entfalten, bis wir erfahren: „Die Göttin ist in mir. Ich kann als Göttin lieben, leben und handeln."

Mehr darüber erfahren Sie im nächsten Teil.

V Leben Sie als Göttin

Es ist schon erstaunlich, womit Menschen sich alles identifizieren können: „Ich bin Buddhist." „Ich bin ein Dummerle." „Ich bin Hellseherin." „Ich bin Friedensaktivist." „Ich bin krank." „Ich bin die Ehefrau von …" Das alles hat nichts mit unserem göttlichen Wesen zu tun. Kein Wunder, dass wir es dann auch nicht leben können.

Damit soll der menschliche Teil nicht herabgewürdigt werden. Vielmehr wollen wir ihn wie ein kostbares Gefäß behandeln. Nur wenn es intakt ist, kann die Göttin einströmen. Eine amorphe Masse der Hingabe nützt ihr ebenso wenig wie ein Scherbenhaufen. Darum haben wir uns um Heilung bemüht und unser Ich gestärkt. Außerdem haben wir es auf das Göttliche hin ausgerichtet und gereinigt, damit es immer transparenter werde, damit die Göttin immer mehr durchscheinen und sich in der Welt offenbaren kann. Das Gefäß ist dann kaum noch sichtbar, bleibt aber dennoch bestehen in seiner ganz persönlichen Eigenart.

Allerdings kann das Göttliche nur einströmen, wenn es nicht mit allem Möglichen vollgestopft ist. Daher leeren wir es nun von allem, was nicht die Göttin ist. Lassen wir alle menschlichen Zuschreibungen gehen. Lösen wir uns von der Ansicht, wir könnten aus uns selbst heraus lieben oder etwas Gutes tun. Dann kann das Göttliche uns mehr und mehr durchdringen.

Hierzu wollen wir uns zunächst im Geist und im Energiekörper mit der Göttin identifizieren. Schließlich können wir auch als Göttin in den Alltag gehen. Dabei werden wir nicht größenwahnsinnig nach dem Motto: „Platz da, du nichtswürdiger Erdenwurm, hier kommt die Göttin!" Ganz im Gegenteil. Als Göttin reden und handeln wir in Liebe, und mit ihren Augen sehen wir nur das Gute.

1. Im Geist

Bisher haben wir die Göttin von der menschlichen Warte aus angesprochen und als Du erlebt. Das hat sie mehr und mehr geweckt, und wir konnten ihre Qualitäten auch schon in uns selbst erfahren, vielleicht als Liebe oder Vergebung, Weisheit oder Heilung. Jetzt wollen wir unsere Verbindung mit der Göttin noch inniger gestalten: Wir wollen die Einheit mit ihr erleben, indem wir diese visualisieren, affirmieren und uns in der Meditation dafür öffnen.

Visualisierung

Auf dieser Stufe der Visualisierung erleben wir, wie eine Gestalt des persönlichen Göttlichen mit der unsrigen verschmilzt.

Männer mögen sich hier wohl lieber einen männlichen Gott vorstellen, allerdings wohl kaum den, der oft im Religionsunterricht beschrieben wird: den gewaltigen Gott, der fern von allem im Himmel thront. Jesus dagegen sprach von seinem ganz persönlichen „Abba" (Papi), der in ihm war und sich durch ihn offenbaren wollte.

Doch selbst mit einem solch persönlichen Papi dürften Frauen so ihre Schwierigkeiten haben, wenn sie sich damit identifizieren wollten. Wie gut, dass es die Göttin gibt! Durch sie können Frauen das Göttliche als weiblich erfahren. Das hilft ihnen, sich selbst als göttlich zu erleben.

Hierzu können Sie sich nun als Göttin visualisieren. Vielleicht hat eine Gestalt aus der Mythologie Ihr Herz berührt, oder Sie haben „Ihre" Göttin in einer Vision gesehen.

Übung: Sich als Göttin visualisieren

Kommen Sie in eine aufrechte und entspannte Sitzhaltung und nehmen Sie sich einen Augenblick Zeit, sich vom Alltag zu lösen.

Betrachten Sie ein Bild oder eine Skulptur der Göttin oder lassen Sie sie vor Ihrem inneren Auge erscheinen. Ruhen Sie in der Betrachtung und lassen Sie ihre Qualitäten, Taten und Eigenschaften auf sich wirken.

Erlauben Sie Ihrem Herzen, sich für die Göttin zu öffnen. Lassen Sie Freude aufkommen. Lassen Sie Liebe sein.

Wenn Sie ein Bild oder eine Skulptur betrachten, dann schließen Sie jetzt die Augen und lassen die Göttin nun auch vor Ihrem inneren Auge erscheinen.

Stellen Sie sich vor, sie käme zu Ihnen und schwebte über Ihrem Scheitel.

Nun sinkt sie herab bis in die Mitte Ihrer Brust. Spüren Sie ihre köstliche Gegenwart im Innern Ihres Herzens.

Wenn Sie mögen, können Sie die Göttinnen-Gestalt nun größer werden lassen, bis sie Ihre menschliche Gestalt ausfüllt und Sie zur Göttin geworden sind. Vielleicht haben Sie die Göttin auch als Licht gesehen und sehen sich selbst nun als Lichtgestalt.

Beobachten Sie, wie sich das anfühlt.

Sie können sich auch vorstellen, wie Sie als Göttin in bestimmten Situationen denken, fühlen und handeln werden.

Zuletzt ziehen Sie die Göttinnen-Gestalt wieder in Ihr Herz zurück und beenden die Übung.

Diese machtvolle Übung kann Ihr Leben verwandeln. Allerdings kaum von heute auf morgen. Wenn Ihnen jemand sagt, Sie könnten an einem einzigen Wochenende unter seiner Leitung ein komplett neuer Mensch werden, dann fragen Sie nach dem Preis und überlegen Sie, ob Sie so viel Geld für heiße Luft bezahlen möchten.

Natürlich können Menschen sich nach einem intensiv erlebten Wochenende wie ein neuer Mensch fühlen. Doch normalerweise hält das nicht lange vor, wenn sie in ihr altes Leben zurückkehren. In der Natur können wir Ähnliches beobachten: Eintagsfliegen entwickeln sich schnell, doch sie leben nicht lange.

Veränderungen brauchen nun einmal ihre Zeit, und sie brauchen beharrliches Bemühen. So kann es Ihnen – selbst wenn Sie die Übung schon eine ganze Weile regelmäßig praktizieren – durchaus passieren, dass Sie sich dabei ertappen, wie Sie sich mal wieder reichlich ungöttlich benehmen. Das ist in Ordnung. Immerhin haben Sie es gemerkt, und das ist der erste Schritt zur Besserung. Dabei können auch Affirmationen helfen.

Affirmation

In dieser „Disziplin" identifizieren wir uns nicht länger mit Etiketten oder Meinungen über uns, auch nicht mit negativen Gefühlen, schlechten Angewohnheiten oder körperlichen Befindlichkeiten. Das bedeutet: Auf „Ich bin" folgt etwas Göttliches. Wir setzen uns nun mit unserem wahren Wesen gleich, auf dass es immer mehr durchscheinen möge.

Vielleicht probieren Sie einfach mal aus, wie es sich anfühlt, wenn Sie schlicht behaupten:

„Ich bin die Göttin."

Fühlt es sich gut und richtig an? Wunderbar. Bleiben Sie dabei. Erleben Sie sich als individuelles, göttliches Sein.

Oder wird Ihnen mulmig? Ertönt inneres Protestgeheul? Oder spüren Sie gar keine innere Resonanz, als hätten Sie gesagt: „Ich bin ein kariertes Meerschweinchen?" In diesen Fällen empfiehlt es sich, die Affirmation behutsam zu entwickeln.

Entscheiden Sie dabei selbst, wie weit Sie gehen können oder möchten, und bleiben Sie bei dem, was sich für Sie richtig anfühlt. An manchen Tagen kann mit dem einleitenden Satz – Die Göttin ist da – schon Schluss sein. Entweder, weil Sie in der göttlichen Gegenwart verweilen möchten, und das ist wunderbar. Oder aber, weil Sie sich der Gegenwart der Göttin erst gar nicht bewusst werden. Dann können Sie dieses Bewusstsein auch nicht weiter vertiefen. Versuchen Sie es später noch einmal.

Letztendlich haben wir es nicht in der Hand, wie und wann wir die Einheit mit dem Göttlichen erleben. Es geschieht, wenn die Zeit reif ist. Wir können aber – zum Beispiel durch entsprechende Übungen – günstige Umstände schaffen.

Übung: Die Einheit mit der Göttin bekräftigen

Kommen Sie in eine aufrechte und entspannte Sitzhaltung und nehmen Sie sich einen Augenblick Zeit, sich vom Alltag zu lösen.

Beobachten Sie den Atem und lassen Sie den Strom der Gedanken abebben. Wenn es in Ihrem Geist ruhiger wird, sagen Sie laut oder still in sich hinein:

„Die Göttin ist da."

Wiederholen Sie das, bis Sie die göttliche Gegenwart spüren. Vielleicht umfängt Sie ein tiefer Friede, oder Ihr Herz singt vor Freude oder Liebe. Nun können Sie bekräftigen:

„Die Göttin ist Liebe." (*Oder Freude, Frieden, Kraft etc. Statt „Liebe" nennen Sie auch im Folgenden jeweils die Qualität, zu der Sie gerade Zugang haben.*)

Wenn Sie sie in Ihrem Innern spüren, können Sie bekräftigen:

„Göttliche Liebe ist in mir."

Geben Sie dieser Qualität nun immer mehr Raum. Wenn sie Sie ganz ausfüllt, können Sie sagen:

„Ich bin göttliche Liebe."

Da die Göttin sich durch ihre Qualitäten bestimmt, können Sie schließlich sagen:

„Ich bin die Göttin der Liebe." Oder gar: „Ich bin die Göttin."

Sollten Sie sich einer Göttinnen-Gestalt besonders verbunden fühlen, können Sie auch mit dieser üben. Wenn es zum Beispiel die grüne Tara ist, sagen Sie: „Tara ist da ... Tara ist aktives Mitgefühl ... Taras Mitgefühl ist in mir ... Ich bin Taras Mitgefühl ... Ich bin Tara."

Möglicherweise können Sie sich auch in einem bestimmten Bereich als Göttin erleben, etwa wenn Sie heilen oder Ihre Kunst ausüben. Dann formulieren Sie: „Ich bin die Göttin der Heilung." Oder: „Ich bin die Göttin der Kunst."

Meditation

Vielleicht ist Ihnen das aber auch zu eng. Vielleicht empfinden Sie „Ich bin die Göttin" bereits als zu begrenzt und sehnen sich nach der stillen Präsenz in der offenen Weite des göttlichen Urgrundes.

Dem können Sie näherkommen, wenn Sie mit der Frage: „Wer bin ich?" meditieren. Fragen Sie wieder und wieder und immer wieder: „Wer bin ich?" Hören Sie sich die Antworten an – es werden viele und immer wieder neue kommen – und lassen Sie sie dann gehen. Lassen Sie alle Antworten los. Bis keine mehr kommt. Das ist dann die richtige. Jetzt endlich erleben Sie sich als das, was unsagbar ist. Sie erwachen wie aus einem Traum.

Sie verlassen das Theater, in dem Sie sich voll und ganz mit Ihrer Rolle identifiziert hatten, und gehen nach Hause im Bewusstsein Ihrer wahren Natur.

Das kann auch geschehen, wenn Sie beim Meditieren ins reine Sein eintauchen. Dabei sitzen Sie still und wissen: „Ich bin." Nichts sonst. Nur: „Ich bin." Wenn dieses Bewusstsein Mark und Bein durchdringt, wenn Sie Ich-bin sind und nichts als Ich-bin, dann erleben Sie das Göttliche jenseits aller Form und verstehen das Wort Gottes: „Ich bin, der ich bin."

Sie haben das Göttliche nun in Ihrem Geist erfahren. Jedenfalls wünsche ich es Ihnen von Herzen. Doch Sie können noch weitergehen und die Göttin nun in Ihrem Energiekörper entdecken.

2. Im Energiekörper

Wir haben ja bereits mit Energien gearbeitet: Wir haben Blockaden gelöst und das Energieniveau erhöht. Mit dem kleinen Energiekreislauf (siehe Seite 123) haben wir auch schon die Energiezentren harmonisiert.

Hierbei handelt es sich um eine Art energetischer Lungen: Durch sie atmen wir Energien ein, machen sie uns zu eigen und geben sie verwandelt wieder ab, auch in Gedanken und Gefühlen, Worten und Taten.

Auf dem Göttinnen-Weg geht es nun darum, die aufgenommenen Energien vor die innewohnende Göttin zu bringen. Sie transformiert sie und lässt sie wieder ausströmen, auf dass sich ihre göttlichen Qualitäten offenbaren mögen. So segnet sie die Welt.

Hierzu wollen wir zunächst einmal die wichtigsten Zentren kennenlernen. Dann kräftigen wir sie und richten sie schließlich auf die Göttin aus.

Die Energiezentren kennenlernen

Energiezentren werden in den verschiedensten spirituellen Übungssystemen beschrieben und kultiviert, zum Beispiel im tantrischen Buddhismus und Hinduismus, in der Kabbala und im Schamanismus. Das Energiesystem auf dem Göttinnen-Weg basiert auf dem indischen Chakrensystem. Wenn ein anderes für Sie besser funktioniert, dann bleiben Sie ruhig dabei. Der Göttin ist es egal, auf welchem Energieweg Sie zu ihr kommen.

Sehen wir uns nun die einzelnen Zentren genauer an.

- Das Scheitelzentrum am höchsten Punkt des Kopfes haben wir ja bereits öfter erwähnt und auch damit gearbeitet: Es verbindet uns mit der spirituellen Welt. Hier kann sich die energetische Wahrnehmung bis unendlich weit hinauf in den Himmel ausdehnen.

- Das Stirnzentrum auf der Mitte der Stirn ist die Schaltstelle für Visionen und geistige Vorstellungen. Menschen, die gut visualisieren können, haben ein aktives Stirnzentrum.

- Das Halszentrum im Kehlkopfbereich ist unsere Kommunikationszentrale.

- Das Herzzentrum in der Mitte der Brust verbindet uns in Liebe mit allen fühlenden Wesen.

- Das Solarplexuszentrum im Bereich der Magengrube steht für den Willen und das Feuer der Begeisterung.

- Das Sakralzentrum in der Mitte des Unterleibs setzt sexuelle Energien um und schenkt Freude an sinnlichen Empfindungen.

- Das Wurzelzentrum im Dammbereich verbindet uns mit der Erde und der spirituellen Welt unter uns. Hier kann die energetische Wahrnehmung bis unendlich weit in die Tiefe reichen.

Wurzel- und Scheitelzentrum sind durch den Zentralkanal miteinander verbunden. Dieser verläuft durch die Mittelachse des Körpers und erstreckt sich unendlich weit nach oben und unten.

Zur Lokalisierung der übrigen fünf Hauptzentren habe ich zur besseren Übersicht den Bereich ihrer vorderen Öffnung genannt. Im Grunde handelt es sich aber um Tunnel, die quer durch den ganzen Körper gehen und auch eine rückwärtige Öffnung haben. Oder poetischer ausgedrückt: Die Blüten am zentralen Stängel öffnen sich nach vorn und hinten. Diese wollen wir nun pflegen.

Die Energiezentren kräftigen

Schwächen in den Energiezentren machen sich sowohl im Körper als auch in den zugehörigen Lebensthemen bemerkbar. Ist zum Beispiel das Wurzelzentrum schwach, dann stehen wir nicht mit beiden Beinen auf der Erde und können unsere Pläne nicht verwirklichen.

Bewusstes und positives Handeln in den einzelnen Lebensbereichen kräftigt auch die entsprechenden Energiezentren. Wenn wir beispielsweise das Halszentrum stärken wollen, dann können wir einen Rhetorikkurs besuchen. Oder wir beschließen, in einer bestimmten Situation den Mund aufzumachen, wenn wir zuvor immer geschwiegen haben. Wir ändern also bewusst unser Verhalten, was wir durch Beten, Affirmieren und Visualisieren noch unterstützen können.

Umgekehrt fördern wir durch die Arbeit an den Energiezentren nicht nur die Gesundheit, sondern auch die entsprechenden Aspekte des Lebens. Besonders für Menschen, die im Spüren zu Hause sind, ist das ein schöner und effektiver Weg.

Bei der folgenden Übung beginnen wir im Herzzentrum und intonieren den zugehörigen Vokal, das A. Wenn Sie es richtig machen, dann spüren Sie die Klangschwingungen in der Mitte der Brust. Hierzu müssen Sie eventuell mit der Tonhöhe experimentieren, bis Sie die richtige Resonanzhöhe finden. Je voller und runder der Ton erklingt, desto besser. Mit der Zeit werden Sie feststellen, dass der Klang – ähnlich wie das Atmen mit Reibelaut – die Lebensenergie anregt.

Spüren wir sie voll und stark, gehen wir zu den darüber liegenden Energiezentren. Je höher wir kommen, desto mehr befreien wir uns von allem Schweren, Irdischen und kommen dem Himmel immer näher. Nachdem wir das Scheitelzentrum angeregt haben, kehren wir zum Herzzentrum zurück und wandern abwärts, um die Energien auf die Erde zu bringen. Schließlich kommen wir wieder ins Herzzentrum zurück.

Übung: Die Energiezentren kräftigen

Kommen Sie nun in eine aufrechte und entspannte Sitzhaltung. Der Nacken ist lang und der Rücken gerade. Für Energieübungen ist das besonders wichtig.

Nehmen Sie sich einen Augenblick Zeit, sich vom Alltag zu lösen, und sammeln Sie sich im Herzzentrum.

Beginnen Sie nun, ein lang gezogenes A zu tönen. Singen Sie sanft und ohne Anstrengung in einer Höhe, in der das A voll und rund erklingt. Wenn Sie die Resonanzschwingung spüren, gehen Sie zum darüber liegenden Zentrum.

Sammeln Sie Ihre Aufmerksamkeit im Halszentrum und singen Sie ein langes E. Hier werden Sie wahrscheinlich etwas höher singen müssen, um den Ton im Bereich des Kehlkopfes zu spüren.

Ist die Lebensenergie dort angeregt, konzentrieren Sie sich auf das Stirnzentrum und singen I.

Im Scheitelzentrum summen Sie M.

Nun kommen Sie mit A zum Herzzentrum zurück und gehen von dort aus abwärts. Wahrscheinlich werden Sie nun tiefer singen, und zwar

im Solarplexuszentrum ein offenes O wie in Sonne,

im Sakralzentrum ein geschlossenes O wie in Mond und

im Wurzelzentrum ein U.

Beenden Sie die Übung im Herzzentrum mit A.

Wenn Sie eine Weile mit den Energiezentren arbeiten, werden Sie feststellen, dass sich einige lebendiger anfühlen als andere. Hier klingen die Vokale so wunderschön, dass man am liebsten nur noch dort verweilen möchte. Letztendlich aber sollte das ganze Energiesystem gestärkt und harmonisiert werden. Also werden wir gerade den schwächeren Zentren unsere besondere Aufmerksamkeit schenken, zumal sich auf diese Weise auch Schwächen in den korrespondierenden Lebensaspekten überwinden lassen.

Statt zu schwach, können manche Zentren auch blockiert oder überladen sein. Dann spüren Sie dort möglicherweise ein Stechen oder Brennen, Druck oder unangenehme Hitze. Hier hilft vielleicht schon körperliche Bewegung oder die Übung zum Lösen von Blockaden (siehe Seite 64). Abhilfe kann auch die Arbeit an den entsprechenden Themen schaffen. Sie wissen ja bereits wie: durch die grundlegenden Heilübungen für Gefühle oder die drei goldenen Schlüssel, die wir im letzten Teil besprochen haben. Gehen Sie in jedem Fall behutsam vor und reduzieren Sie die Übung bei Bedarf.

Mit der Zeit wird sich Ihr Energiebewusstsein so verfeinern, dass Sie spüren, welche Zentren gerade Ihre Aufmerksamkeit benötigen. So können Sie auch im Leben immer mehr das innere Gleichgewicht finden und bewahren. Besonders wenn Sie nach innen gehen und sich auf die Göttin ausrichten.

Ausrichtung auf die Göttin

Da die spirituelle Energie durch den Zentralkanal strömt, können wir sie erreichen, wenn wir Scheitel- oder Wurzelzentrum öffnen. Das haben wir bereits geübt, als wir den heiligen Raum geöffnet haben: Wir haben unsere Zweige in den Himmel gestreckt und unsere Wurzeln ins Herz von Mutter Erde gesenkt. Wenn wir uns im Stehen erden, gehen wir von den Fußsohlen aus. Dort befinden sich Nebenzentren, die mit dem Wurzelzentrum korrespondieren, weshalb wir im Sitzen von dort ausgehen. Eine ganz wunderbare Übung, auch wenn Sie gerade kein Ritual feiern möchten.

Um nun auch die übrigen Energiezentren mit der spirituellen Energie zu verbinden, müssen wir nach innen gehen. Hier lassen sich verschiedene Bereiche wahrnehmen. Nahe der Körperoberfläche spüren wir die Lebensenergie, die wir durch das Vokalsingen oder das Atmen mit dem Reibelaut aktivieren können. Weiter innen kommen wir in den seelischen Bereich mit der Wahrnehmung von Licht und Klang, Bildern und Gefühlen. Diese finden weiter innen ihren Frieden in der Stille oder einer samtigen Dunkelheit. Noch weiter innen kommt es zur Berührung mit dem Göttlichen. Dieses kann sich an jedem Punkt des Zentralkanals offenbaren. Allerdings lässt sich das weibliche Göttliche am leichtesten durch das Herzzentrum erreichen, vorausgesetzt natürlich, wir gelangen bis ins Allerinnerste.

Wohl nur wenige erreichen es gleich in der ersten Sitzung. Das dauert seine Zeit. Selbst wenn Sie die Übung schon länger machen, kann es zwanzig, dreißig Minuten dauern, ehe Sie sich im Allerinnersten zentriert haben. Darum bearbeiten wir am Anfang auch nur ein Zentrum pro Sitzung. Sie können mit dem Herzen beginnen oder auch ein anderes wählen. Wenn Sie zum Beispiel spüren, dass Sie zu sehr in den Wolken schweben, können Sie sich im Wurzelzentrum erden. Das Stirnzentrum wiederum schenkt tiefe Ruhe und stabilisiert den Geist.

Was Praktizierende in den einzelnen Zentren erfahren, ist individuell verschieden. Erlauben Sie ganz einfach, dass sich Ihr Erleben auf seine eigene Weise entfaltet. Ein eventuelles Missbehagen zeigt an, dass zu dem Thema noch etwas geheilt und bereinigt werden möchte. Freuen Sie sich über den Hinweis und handeln Sie entsprechend. Danach wird es Ihnen besser gehen.

Übung: Nach innen gehen

Regen Sie das Energiezentrum Ihrer Wahl an, indem Sie mit dem Reibelaut atmen oder den entsprechenden Vokal singen. Spüren Sie das Vibrieren der Lebensenergie. Bleiben Sie da mit der Aufmerksamkeit.

Nach einiger Zeit werden Sie spüren, wie das Gewahrsein von allein nach innen geführt wird. Wenn Sie sich gerade auf das Herzzentrum konzentrieren, können Gefühle aufkommen, etwa Freude, Liebe oder auch Gefühle der Weite und Offenheit. Im Stirnzentrum kommt es eher zu Lichtwahrnehmungen, zum Beispiel könnten Sie Lichtpunkte oder -nebel sehen, bisweilen auch geometrische Muster. Beobachten Sie ganz einfach, was kommt. Sie müssen hier nichts machen oder sich vorstellen. Ruhen Sie ganz mit der Aufmerksamkeit in dem, was da ist. Allenfalls lenken Sie sie auf das schönste Gefühl oder das strahlendste Licht. Wenn Sie Töne hören, dann lauschen Sie den höheren und feineren.

Mit der Zeit ebbt das Vibrieren ganz ab, und der Atem wird immer stiller und langsamer. Die Gefühle beruhigen sich, bis nur noch Friede ist. Das Licht weicht einer samtigen Dunkelheit, heimelig wie die Geborgenheit des Mutterschoßes.

Bleiben Sie da mit der Aufmerksamkeit. Bei der samtigen Dunkelheit, der Ruhe, dem Frieden. Dann werden Sie noch weiter nach innen geführt bis zu einem Punkt absoluter Stille. Der Atem ist nun so fein, dass er kaum noch wahrzunehmen ist. Da ist nichts als das nackte Sein in der Mitte der Welt. Bleiben Sie da. Ruhen Sie dort, dann kann die spirituelle Energie Sie erfüllen.

Wenn Sie die Übung beenden möchten, dann atmen Sie tief und strecken sich genüsslich.

Bei dieser Übung arbeiten die drei Selbste eng zusammen: Das tiefe Selbst erzeugt die nötige Lebensenergie, sozusagen den Treibstoff für unser Seelenschiff. Das mittlere Selbst lenkt es mit seiner bewussten Aufmerksamkeit, und das hohe Selbst erfüllt es mit seiner spirituellen Energie.

Diese ist sehr machtvoll und kann Träume wahr werden lassen. Tatsächlich wird sie gern zur Wunscherfüllung verwendet. Am Anfang funktioniert das auch recht gut. Irgendwann aber offenbart das göttliche Selbst seine eigenen Ziele. Die sind nicht immer so, wie wir persönlich es gern hätten, und auch nicht immer das, was von außen schick aussieht. Vielmehr haben sie das Wohl des großen Ganzen im Auge. Natürlich auch das unsrige. Schließlich gehören wir dazu. Darum werden wir irgendwann immer einsehen, dass alles viel, viel besser ist, als wir es jemals hätten planen, wünschen oder in unseren wildesten Träumen ausmalen können. Am Ende können sogar Schicksalsschläge zum Segen werden.

Um diesen Prozess zu unterstützen, können wir uns ganz bewusst der Liebe und Weisheit der Göttin unterstellen. Hierzu öffnen wir uns für ihre Wahrheit in den einzelnen Zentren. Wenn Sie mögen, beginnen Sie – wie hier vorgeschlagen – mit dem Herzzentrum. Sie können aber auch ein anderes wählen.

Übung: Die sieben Zentren der Göttin

Kommen Sie in eine aufrechte und entspannte Sitzhaltung und regen Sie das Herzzentrum an, indem Sie das Gewahrsein dort ruhen lassen und mit dem Reibelaut atmen oder das A tönen.

Erlauben Sie, dass Ihr Gewahrsein nach innen geführt wird, und sagen Sie dabei still für sich:

„Ich bin das Herz der Göttin."

Wiederholen Sie den Leitsatz von Zeit zu Zeit. Lassen Sie sich immer tiefer nach innen führen und werden Sie immer stiller. Schließlich hören Sie ganz auf zu denken. Der Leitsatz wird zum wortlosen Gewahrsein seiner Essenz. Ruhen Sie damit im Allerinnersten des Herzens.

Wenn Sie ein anderes Zentrum gewählt haben, üben Sie mit folgenden Leitsätzen:

Scheitelzentrum: „Ich bin das Licht der Göttin." Hier lassen Sie sich nach oben führen.

Stirnzentrum: „Ich bin die Vision der Göttin."

Halszentrum: „Ich bin das Wort der Göttin."

Herzzentrum: „Ich bin das Herz der Göttin."

Solarplexuszentrum: „Ich bin der Wille der Göttin."

Sakralzentrum: „Ich bin die Lust der Göttin."

Wurzelzentrum: „Ich bin die Kraft der Göttin." Hier lassen Sie sich nach unten führen.

Wenn Sie in einer einzigen Sitzung alle Zentren bearbeiten möchten, dann können Sie die beim Vokalsingen beschriebene Reihenfolge einhalten, das heißt, Sie beginnen im Herzen, gehen nach oben und kehren zum Herzen zurück, gehen nach unten und kehren wieder zum Herzen zurück.

Wenn Sie etwas geübter sind, können Sie mit dem Gewahrsein auch im Zentralkanal bleiben und mit der Essenz der Leitsätze nach oben und unten wandern.

Selbstverständlich können Sie auch mit eigenen Leitsätzen üben. Es geht hier nicht um Worte, sondern um die Wahrheit, auf die die Worte hinweisen.

Diese haben Sie nun – wie ich hoffe – in der einen oder anderen Übung erkannt und wissen um Ihre göttliche Natur. Nun gilt es, diese auch im Alltag zu leben.

3. Im Alltag

Im Grunde ist es das Einfachste von der Welt, als Göttin zu leben, denn wir sind es ja. Das ist unser wahres Wesen. Wir brauchen also nur unsere Wahrheit zu leben.

Leider vergessen wir die immerzu. Darum die ganzen Übungen und Meditationen. Sie helfen uns beim Erinnern. Sie stabilisieren unser Bewusstsein in der Wahrheit. Deshalb wäre es schön, wenn Sie eine tägliche spirituelle Praxis etablieren könnten. Am besten nehmen Sie hierfür eine Übung, die Ihr Herz anspricht, und bleiben ihr treu. Zumindest erst einmal für ein paar Monate. Oder auch länger, wenn sich keine bessere zeigt. Dabei sagen Sie sich nicht mit erhobenem Zeigefinger: „Du musst", sondern mit einem Lächeln: „Du darfst", denn es ist pure Freude, sich mit der Göttin zu verbinden. Es ist heilsam und kann alles zum Guten wenden.

Ja, es könnte alles so einfach und wunderbar sein, wenn … ja, wenn wir nicht ständig vergessen würden, wer wir wirklich sind. Darum sprechen wir nun darüber, wie wir uns auch in den Irrungen und Wirrungen der Welt an unsere göttliche Natur erinnern können und wie wir merken, ob wir tatsächlich aus ihr heraus leben und lieben.

Sich an die innewohnende Göttin erinnern

Eine der besten Möglichkeiten, mit der Göttin in den Alltag zu gehen, ist die tägliche spirituelle Praxis. Nicht nur im stillen Kämmerlein, sondern auch im Alltag.

Gerade einfache – insbesondere hausfrauliche – Tätigkeiten lassen sich gut damit verbinden. Wenn Sie zum Beispiel Geschirr spülen, Kartoffeln schälen oder die Straße fegen, haben Sie den

Geist frei für Affirmationen und Visualisierungen, um sich mit der Göttin zu identifizieren. Und wenn Sie sich in der morgendlichen Meditation im Allerinnersten des Herzens zentriert haben, dann können Sie sich darin üben, dieses Gewahrsein auch tagsüber aufrechtzuerhalten.

Eine größere Herausforderung bieten komplexere Tätigkeiten, insbesondere wenn wir dabei denken und sprechen müssen. Dann kann es hilfreich sein, kleine Erinnerungshilfen zu schaffen. Das kann die Kalenderfunktion des Computers sein, das stündliche Piepsen der Armbanduhr oder Zettelchen mit Affirmationen auf dem Schreibtisch.

Immer wiederkehrende Ereignisse oder Tätigkeiten sind ebenfalls hervorragende Erinnerungshilfen. Denken Sie nur an die Mahlzeiten, für die Sie danken können, oder an das Klingeln des Telefons: zehn Sekunden Zeit, das innere Lächeln zu üben und sich auf ein göttliches Gespräch zu freuen. Und wenn Sie Ihre Geldbörse zücken, können Sie sich daran erinnern, dass die Göttin nun ihr Füllhorn ausschüttet. Ganz egal, ob Sie Geld bekommen oder ausgeben, es ist immer die Göttin, durch die die Fülle kommt und sich verströmt.

Göttlich schön ist es auch in der Natur. Ein Glückspilz, wer hier zu tun hat oder sie regelmäßig aufsuchen kann, denn hier fällt es leicht, sich an die Göttin zu erinnern. Hier sehen Sie sie in ihrer Üppigkeit und Schönheit. Sie hören sie im Wind und in dem feinen Rascheln der Blätter an den Zweigen. Jeder Laut ist ihre Stimme und jede Berührung ihr Streicheln, unsagbar zart und liebevoll. Und wenn Sie die Göttin sehen und erleben, dann können Sie sich auch nach innen wenden und ihre Qualitäten und Elemente in sich spüren.

Vielleicht arbeiten Sie auch in einem Beruf, in dem Sie einen bestimmten Aspekt der Göttin leben können, etwa den jungfräulichen, mütterlichen oder weisen alten.

Die junge Göttin begeistert sich am kreativen Schaffen. Mit ihr und durch sie kann völlig unerwartet und wie aus dem Nichts etwas atemberaubend Neues entstehen, sei es ein Kunstwerk, ein neues Rezept oder eine frische Idee, wie diese oder jene Angelegenheit zu bewältigen ist. Als junge Göttin gehen Sie immer wieder neue Wege, denn sie wiederholt sich nie und macht alles frisch und neu mit jedem Augenblick.

Wenn Sie Kinder oder Hilfsbedürftige zu betreuen haben oder in einem Heilberuf tätig sind, können Sie den mütterlichen Aspekt der Göttin leben. Hier wäre es schön, wenn Sie dabei das Göttliche im anderen in Ihrem Gewahrsein halten würden. Sehen Sie nicht das Wrack, das es zu reparieren gilt, oder das leere Blatt, das Sie durch Ihre Erziehung beschreiben müssen. Sehen Sie die Göttin, die sich danach sehnt, erkannt und geweckt zu werden. Das ist der größte Liebesdienst überhaupt.

Einen ähnlichen Blick hat auch die weise Alte, zum Beispiel als Großmutter oder Lehrerin. Sie muss niemandem ihr Wissen und ihre Weisheit eintrichtern. Vielmehr weckt sie die innewohnende Weisheit im anderen.

Hervorragende Weckrufe für die innewohnende Göttlichkeit sind auch Probleme. Die schrillen laut und unüberhörbar, wenn wir aus der Einheit mit der Göttin herausgefallen sind.

Wenn wir zum Beispiel einmal wieder hochgehen wie ein HB-Männchen, uns einsam fühlen oder uns in eine Opferrolle bugsiert haben, können wir uns fragen: Fühlt und denkt so die Göttin? Natürlich nicht. Also legen wir das Problem getrost in ihre Hände und vereinen uns wieder mit ihr.

Und wenn das Problem wieder auftritt? Dann können wir wieder zur Göttin zurückkehren. Und wieder und wieder und immer wieder.

Ja, zuweilen spielt die Göttin ein grandioses Versteckspiel mit uns. Dann sieht es schon mal aus, als sei sie komplett verschwunden. Nur damit die Wiedersehensfreude umso größer ist. Und dann wissen wir wieder: Sie war immer da, war immer in und um uns. Wir hatten uns nur abgewendet. Und das dürfen wir auch. Egal, wie oft. Egal, wie lange. Wir können immer wieder umkehren.

Dabei werden wir nicht ungeduldig und fragen: „Müsste ich nicht längst ‚weiter‘ sein?" Sie stehen, wo Sie gerade stehen. Und da stehen Sie gut, denn die Göttin ist in Ihnen, auch wenn das Bewusstsein darum noch nicht Ihr ganzes Sein durchdrungen hat. Das dauert seine Zeit. Nehmen wir sie uns ganz einfach. Dabei müssen wir uns nicht mit anderen vergleichen. Vielmehr vergleichen wir uns nur mit unserem früheren Ich und unserem früheren Leben, und da können wir immer wieder staunen, wie weit wir mit der Göttin schon gekommen sind. Im Grunde dürfen wir schon stolz sein, wenn wir uns nicht zum Nachteil verändern. Ohne Gott oder Göttin passiert das in Windeseile.

Letztendlich aber können wir nicht verloren gehen. Nichts und niemand kann uns für immer von der Liebe der Göttin trennen.

Doch wie erkennen wir, ob wir mit ihr verbunden sind oder uns das nur einbilden? Ganz einfach: Wenn wir diese Frage stellen, sind wir es ganz sicher nicht.

Wie sich die Göttin zu erkennen gibt

Sind wir mit der Göttin verbunden, dann kann es darüber keinen Zweifel geben. Nachher aber mögen wir uns vielleicht fragen: „War das jetzt die Göttin? Habe ich tatsächlich das mir innewohnende Göttliche erfahren und gelebt?" Darum möchte ich nun einige Hinweise auf ihre Gegenwart geben. Das mag uns ermutigen, die spirituelle Arbeit fortzusetzen, und es verhindert, dass wir der Hybris verfallen.

Tatsächlich können das tiefe oder das mittlere Selbst manchmal behaupten, sie wären die Göttin, auch wenn sie noch nicht ganz von ihr durchdrungen sind oder die Verbindung wieder verloren haben. Da heißt es wachsam sein und gegensteuern. Andernfalls würden wir uns nur noch weiter von der Göttin entfernen. Wir würden unsere Launen für göttliche Eingebungen halten. Wir würden uns einbilden, wir müssten andere züchtigen oder auf den rechten Weg bringen. Und in dem Wahn, wir müssten die Welt retten, würden wir ganz übersehen, dass die Göttin bereits hier anwesend ist.

Um sie erkennen zu können, müssen wir dort sein, wo sie ist, nämlich hier und jetzt. Das ist das Wichtigste überhaupt: hier und jetzt anwesend sein. Jeden Tag, jede Stunde, Sekunde um Sekunde, hier sein, jetzt sein.

Sind wir wach für den Augenblick, dann erkennen wir die Gegenwart der Göttin zum Beispiel an kleinen zauberhaften Fügungen und der weisen Führung durch ihre liebevolle Hand. Sie machen das Leben leicht und wunderbar.

Entdecken können wir die Göttin auch in der feinen, leisen Stimme der Intuition. Sie schenkt uns eine große Freiheit in unseren Entscheidungen. Wir sind dann nicht von Ängsten und Sorgen getrieben oder von alten Mustern und Komplexen. Vielmehr entscheiden wir uns frei und freudig für den besten aller Wege. Hernach beobachten wir voller Vertrauen, wie er unter unseren Füßen entsteht und sich zur rechten Zeit die nötigen Chancen, Mittel und Möglichkeiten zeigen. Immer weiter können wir dann gehen. Immer mehr entfalten sich unsere Talente. Immer öfter wirken wir zum Wohl aller fühlenden Wesen.

Dann zeigt sich die Göttin auch in unseren Taten. Dabei zählt vor allem das Wie. Als Göttin handeln wir leicht und froh, spontan und im Einklang mit den Erfordernissen des Augenblicks. Wir sind mit dem Herzen dabei und können schöpferisch und großzügig sein. Als Göttin geben wir nicht, um zu bekommen, sondern aus reiner Freude am Geben. Wir geben genau das Richtige zur richtigen Zeit, um wahrhaftig helfen und dienen zu können. Oft ist da auch eine klare Nüchternheit, mit der wir plötzlich wissen, was zu tun ist.

Dabei treten wir eher leise und bescheiden auf. Da ist kein überhebliches: „Ich bin die Göttin, und nun betet mich gefälligst an." Ganz im Gegenteil. Sind wir uns der Göttin im Innern bewusst, dann erkennen wir sie auch im Außen. Dann sehen wir Unschuld und Schönheit, Freude und Liebe. Und wir sehen die Göttin, blond oder braun, ernst oder fröhlich, schüchtern oder laut. Wir sehen essende und schwitzende Göttinnen, langhaarige und solche mit Hund und Bart. Sogar in versoffenen Pennern können wir ihr begegnen.

Ja, manchmal spielt die Göttin ein kosmisches Versteckspiel mit uns und benimmt sich absolut nicht so, wie wir das von einer Göttin erwarten. Doch das tut der Wahrheit keinen Abbruch. Wir wissen: Sie ist da. Immer. Und wir spüren ihre Liebe in uns und um uns. Sie umgibt uns wie ein kostbares Gewand, sodass wir jede Berührung von außen als liebevoll erfahren. In jedem Laut hören wir ihre Stimme. In jedem Menschen erfreuen wir uns ihrer Gegenwart, und das weckt sie auch im anderen.

Mehr und mehr zeigen sich ihre Spuren auch in unserem Leben: Da sind Gesundheit und Üppigkeit. Wir finden unseren Platz im Leben und füllen ihn freudig aus. Wir leben in Harmonie und ruhen in der Liebe und der Freude.

Diese kann sich auch als Mitfreude äußern: Sie sehen, wie jemand gerade noch seinen Bus bekommen hat, und freuen sich von Herzen. Jemand führt eine glückliche Ehe, und Sie freuen sich, dass er Liebe leben kann. Und wenn jemand Ihnen den

Parkplatz vor der Nase wegschnappt, freuen Sie sich, was der doch wieder für ein Glück gehabt hat.

Möglicherweise müssen Sie zuvor „Ihren" Parkplatz loslassen. Möglicherweise auch mal was Größeres, bei dem es Ihnen schwerer fällt. Doch Sie wissen: Solche Schwierigkeiten sind nur vorübergehend, sind nichts als Geburtswehen, durch die noch größeres Gutes in die Welt kommen möchte. Auch durch Sie. Durch Ihr Denken, Fühlen und Handeln kommt die Göttin auf die Erde.

So werden Sie mehr und mehr zu einem Musikinstrument, auf dem sie ihr Liebeslied spielt.

Wie die Göttin liebt

Das göttliche Liebeslied ist immer neu und voller Überraschungen, denn es wird in jedem Augenblick neu komponiert.

Befreien wir uns von alten Mustern und Gewohnheiten und lauschen ins Allerinnerste unseres Herzens, dann können wir es hören. Dann klingt es durch unser ganzes Sein und wir lieben aus reiner Freude am Lieben.

Wir Menschen sehnen uns sehr danach, das zu tun. Schon kleine Kinder umarmen ihren Schmusebären, wenn sie traurig sind. Sie wissen: Es tut gut zu lieben. Diese Fähigkeit ist das größte Geschenk der Göttin und unser höchstes Glück.

Auf welche Weise wir es leben, lässt sich nie vorhersagen. Manchmal ist etwas Bestimmtes zu tun oder zu sagen. Manchmal heißt es schweigen. Manchmal helfen wir. Manchmal ist es besser, sich zurückzuhalten. Dafür gibt es keine Regeln.

Auch nicht dafür, wem das Liebeslied gesungen werden soll. Wir können auch bei uns selbst beginnen und fortan besser für uns sorgen und unsere Wunden heilen. Schließlich mag das bedingungslose Lieben auch Familie und Freunde erreichen. Am Ende lieben wir jeden, der uns begegnet. Auch Menschen, die wir zunächst für wenig liebenswürdig halten. Dann lösen wir den Blick von der äußeren Erscheinung und schauen auf die Göttin im anderen. Anfangs vielleicht nur ab und zu einmal, dann immer wieder ... immer öfter ... fast immer ...

Aus vollem Herzen singen wir dann das Liebeslied der Göttin. Und die ganze Schöpfung singt mit und tanzt und feiert.

Du bist die Göttin

Hoffentlich hatten Sie viel Freude an diesem Buch.

Hoffentlich fanden Sie hier heilsame Lehren und Übungen für sich und haben alles überlesen, was Ihrem Erwachen nicht dient.

Hoffentlich ist dies nicht das Ende Ihres Weges mit der Göttin. Es gibt noch so viel zu entdecken, so viel zu feiern, so viel zu lieben.

Vielleicht schauen Sie noch einmal auf die Göttin, wie sie sich in Ihrem Geist offenbart – als Stille und Schönheit, als wilde Zartheit und klarer Glanz. Oder Sie folgen noch einmal ihren Spuren in der Schöpfung, die sie verbirgt und offenbart. Vielleicht singen Sie auch noch einige ihrer Lieder oder lauschen ihren Geschichten.

Oder Sie hören sie sagen: „Alles Gute dir auf deinem Weg durch Auen, Wüsten und Felsenschluchten, über offene Meere und schwindelerregende Pässe. Ganz egal, wohin du gehst, ich bin mit dir und halte deine Hand. Ich bin Mutter Erde, die dich trägt und nährt. Ich wache über dir in der offenen Weite des Himmels. Und wenn du ins Allerinnerste deines Herzens schaust, dann siehst du mein Lächeln. Dann lächelst du und weißt: Du und ich, wir sind eins. Die Göttin, das bist du."

Anhang

1. Literaturhinweise

Barbara Ardinger: *Meditieren mit der Göttin*. Smaragd Verlag, Woldert 2002.

Jean Shinoda Bolen: *Göttinnen in jeder Frau*. Heinrich Hugendubel Verlag, München 1995.

Barbara Ann Brennan: *Licht-Arbeit*. Das Standardwerk der Heilung mit Energiefeldern. Goldmann Verlag, München 1998.

Julia Cameron: *Der Weg des Künstlers*. Ein spiritueller Pfad zur Aktivierung unserer Kreativität. Droemer Knaur Verlag, München 2000.

Heide Göttner-Abendroth: *Die Göttin und ihr Heros*. Die matriarchalen Religionen in Mythos, Märchen und Dichtung. Verlag Frauenoffensive, München 1997.

Joel S. Goldsmith: *Der Weg zum Unendlichen*. Heinrich Schwab Verlag, Gelnhausen 1966.

Francesca de Grandis: *Die Macht der Göttin ist in dir*. Ansata Verlag, München 2000.

Aldous Huxley: *Die ewige Philosophie*. R. Piper Verlag, München 1987.

I Ging. *Das Buch der Wandlungen*. Neuausgabe der Originalfassung von 1924 in der Übersetzung von Richard Wilhelm. Deutscher Taschenbuch Verlag, München 2005.

Richard und Mary-Alice Jafolla: *Die Suche*. Ein geistiges Abenteuer. Frick Verlag, Pforzheim 1998.

Ulla Janaschek: *Göttin der Gezeiten*. Die Kraft in Mond, Mythen und Märchen. Arun-Verlag, Uhlstädt-Kirchhasel 2004.

Otmar Jenner: *Spirituelle Medizin*. Heilen mit der Kraft des Geistes. Rowohlt Verlag, Hamburg 2005.

Kala Kos, John Selby: *Die Huna-Lehre*. Goldmann Verlag, München 1999.

Serge King: *Begegnung mit dem verborgenen Ich*. Aurum Verlag, Braunschweig 1985.

Laozi: *Daodejing*. Philipp Reclam jun. Verlag, Stuttgart 1961.

Bruder Lorenz: *Allzeit in Gottes Gegenwart*. Neufeld Verlag, Schwarzenfeld 2005.

Amy Sophia Marashinsky: *Göttinnen Geflüster*. Schirner Verlag, Darmstadt 2002.

Safi Nidiaye: *Herz öffnen statt Kopf zerbrechen*. Ullstein, Heyne, List Verlag, München 2002.

Safi Nidiaye: *Ihr höheres Selbst*. Ullstein Verlag, München 2004.

Robert von Ranke-Graves: *Die weiße Göttin*. Sprache des Mythos. Rowohlt Verlag, Reinbek 1985.

Sanaya Roman: *Zum höheren Selbst erwachen*. Ansata Verlag, München 1989.

Starhawk & Hilary Valentine: *Die zwölf wilden Schwäne*. Verlag Hermann Bauer, Freiburg i.Br. 2001.

Starhawk: *Der Hexenkult als Ur-Religion der Großen Göttin*. Magische Übungen, Rituale und Anrufungen. Goldmann Verlag München, 1992.

Diane Stein: *Die Weisheit der Göttin umarmen*. Scherz Verlag, Bern, München, Wien 1997.

Helmut Uhlig: *Die große Göttin lebt*. Eine Weltreligion des Weiblichen. Lübbe Verlag, Bergisch Gladbach 2007.

Unity School of Christianity: *Das Buch des stillen Gebets*. Frick Verlag, Pforzheim 1986.

Sylvia Wetzel: *Das Herz des Lotos*. Frauen und Freiheit. Fischer Verlag, Frankfurt 1999.

Sylvia Wetzel: *Hoch wie der Himmel, tief wie die Erde.* Ratgeber für schöne und schwere Zeiten. Theseus Verlag, Berlin 1999.

Sylvia Wetzel: *Leichter Leben.* Praktische Übungen zum Umgang mit Gefühlen. Herder Verlag, Freiburg 2007.

Ken Wilber: *Wege zum Selbst.* Östliche und westliche Ansätze zu persönlichem Wachstum. Goldmann Verlag, München 1984.

Thubten Yeshe, Sylvia Wetzel (Herausgeberinnen): *Die grüne Tara.* Weibliche Weisheit. Grundlagen des buddhistischen Tantra. Diamant Verlag, Weigold 2000.

2. Über die Autorin

Karin Burschik, geb. 1958, befasst sich seit früher Jugend mit spirituellen Lehren und Übungen. Über das weibliche Göttliche lernte sie viel von Sylvia Wetzel und in der Reclaiming-Gemeinschaft. Sie schrieb ein Fachbuch über Zen-Gymnastik und gibt seit Jahren Kurse und Workshops, unter anderem in Yoga und Qi Gong, Entspannung und Meditation. Sie wünscht Ihnen alles Gute mit den Lehren und Übungen dieses Buches und freut sich über Ihr Feedback. Sie erreichen sie über ihre Internet-Adresse *www.karin-burschik.de.*